...no

...t ...gape

...nquietud

...CO

...recer

Mexicano

(Poder)

Movilidad Social

Promedio

(Sentido)

Todos los días

ORGULLO PRIETO

TENOCH HUERTA

ORGULLO PRIETO

Grijalbo

El papel utilizado para la impresión de este libro ha sido fabricado a partir de madera
procedente de bosques y plantaciones gestionadas con los más altos estándares ambientales,
garantizando una explotación de los recursos sostenible con el medio ambiente y beneficiosa para las personas.

Orgullo prieto

Primera edición: octubre, 2022

D. R. © 2022, Tenoch Huerta

D. R. © 2022, derechos de edición mundiales en lengua castellana:
Penguin Random House Grupo Editorial, S. A. de C. V.
Blvd. Miguel de Cervantes Saavedra núm. 301, 1er piso,
colonia Granada, alcaldía Miguel Hidalgo, C. P. 11520,
Ciudad de México

penguinlibros.com

Scarlet Perea, por el diseño de interiores
D. R. © 2022, Juan Luis Lemus, por la fotografía de portada
D. R. © 2022, Luis Safa, por el diseño y la ilustración de portada

ISBN: 978-607-382-104-9

Impreso en México – *Printed in Mexico*
Impreso en los talleres de Litográfica Ingramex, S.A. de C.V.
Centeno 162-1, Col. Granjas Esmeralda, C.P. 09810, Ciudad de México.

*A mis hijas... a las dos de mi sangre
y a las dos de mi alma.*

«Nos enseñaron a sentir vergüenza de ser lo
que somos, pero eso debe acabar.»

MI PAPÁ

TABLA DE

CONTENIDO

prieto, ta

1. *adj.* Dicho de una persona: de piel morena. Hombre o mujer a quien el sistema social pone en desventaja por su color de piel y por su usos y costumbres ajenos a los estándares de la blanquitud.
2. *adj.* Hombre o mujer que se ha reapropiado de este mote discriminatorio usado en México con el objetivo de revalorizar el color de piel de la mayoría del país.

blanquitud

1. *f.* Forma de ser y pensar que coloca a lo blanco, moderno, occidental como superior; aspiración a blanquearse constantemente; falta de consciencia de raza y clase; no se relaciona con el tono de piel. (@aguilarpepe)

Aclaro que no soy académico, ni experto, ni luchador social, ni activista. Soy un actor que ha ganado cierta notoriedad y a quien, gracias a ello, le han puesto un micrófono en la cara porque el público le presta atención. Hoy soy más consciente que nunca de que poseo un chingo de privilegios: soy bato, «hetero», de clase media; disfruté de agua potable, luz, drenaje, gas, un coche familiar; vengo de un núcleo familiar unido; acumulé capital cultural gracias a mis padres y a la educación formal que recibí; practiqué un deporte desde los cinco hasta los 20 años; estudié en la universidad y ahora desempeño una profesión que me da proyección y respetabilidad. No todo ha sido fácil, para muy pocos lo es. Por supuesto que también he sufrido diferentes opresiones, pero si hago un recuento de ellas en mi vida, su número se encuentra por debajo del de los privilegios.

Mi trabajo no toca de forma directa los intereses económicos o de poder de políticos, empresarios ni del crimen organizado. Por lo tanto, hablar de racismo no me pone en riesgo mortal ni a mí ni a mi familia. Sin embargo, sí cuestiona la base ideológica que sustenta y perpetúa el poder de todos ellos, y eso, a veces, puede asustarlos todavía más. Por eso, por levantar la voz para denunciar al sistema del cual se benefician, la imagen que he construido de mí mismo a lo largo de 15 años de carrera se ve constantemente socavada por todos ellos: aquellos que pertenecen a la élite o pretenden pertenecer a ese grupo, quienes sienten que sus privilegios y su posición dentro de nuestro sistema racista se ponen en riesgo cada que hablo del tema. Sin embargo, aquí va un intento más.

Este libro no pretende ser una guía académica antirracista ni nada por el estilo. Tampoco es una afrenta ni un mensaje al grupo que ostenta los principales privilegios en México (aunque sin duda seguirán incomodándose); no me interesa hablar con ellos, sino con el niño que fui y con los morros que se identifiquen con mi historia. En sus páginas, a partir de reflexiones y varios episodios de mi vida en los que he sufrido o ejercido el racismo que se ha convertido en norma y cultura en nuestro país, trataré de hacer un recuento de las principales preguntas, conceptos e ideas que abarca este tema y de los que he hablado en paneles de discusión, charlas, entrevistas y en la plataforma del movimiento Poder Prieto. En otras palabras, es un intento de responder a la fórmula: ¿de qué hablamos cuando hablamos de...?

La primera vez que de verdad me sentí prieto fue cuando filmé mi primera película. No sucedió de golpe, sino poco a poco. Mi personaje era —nada raro— un jardinero, además de que yo era una de las únicas tres personas de piel morena que saldrían a cuadro. Aunque era una producción pequeña, compartiría créditos con actores y actrices con nombres reconocidos y, además, el director sería Gael García Bernal. La verdad, me tocó entrar por la puerta grande al mundo del cine.

A la hora de la comida, nos sentábamos a comer en dos grupos: el primero era el del reparto y el otro el del equipo técnico. Uno de esos días, me senté a la mesa y me di cuenta de que no había salsas picantes ni tortillas para acompañar. Llamé a uno de los meseros del equipo de banquetes y le pregunté:

—Carnal, ¿por qué no hay salsas?

—Pues porque no las piden —respondió.

—¿Y tortillas? —seguí.

—Se me quedan, las tengo que tirar y ya mejor no se las pongo.

Sé que suena tonto, pero ¿era tan raro comer con una salsa picosa y tortillas?

Aquellos días, durante esas mismas comidas sin salsa y sin tortillas, me tocaba escuchar las historias de mis colegas, quienes no se subían a las combis ni al metro, ni conocían los mismos lugares que yo a pesar de ser del mismo medio; también hablaban diferente a mí, con un acento que, confieso, luego traté de imitar. ¿No se suponía que ellos eran bien la banda? En esos intercambios recordaban visitas a tienditas «super cute» en la calle Melrose, en Hollywood, en donde habían comprado una chalina «in-cre-í-ble», o cuando comieron un «avocado toast» en un «coffee» cerquita de Central Park, en el Upper West Side, en Nueva York. Por supuesto, yo no tenía nada que aportar. Era parte de su círculo, pero casi siempre como oyente. Muchas veces intentaban hacerme parte de su conversación y me preguntaban si a mí me gustaba ir a Venice Beach (en Los Ángeles) o a otros lugares de los que yo solo había escuchado. Lo único que me quedaba era decirles, con una sonrisa: «No, nunca he ido, no lo conozco». Me excluían, pero no de forma deliberada: su exclusión era inconsciente por pertenencia de clase social. Me habría gustado tener una plática de taquitos como los de mi barrio, porque de aquello que ellos platicaban yo no tenía idea. Me sentía aislado.

Incluso los sábados, cuando hacíamos el «sapo», que es una tradición bastante bonita en el cine mexicano en la que los sábados trabajamos medio día y se organiza una comilona con cerveza, yo poco a poco iba disolviéndome de su grupo y terminaba echándome mis chelas con el equipo técnico o la delegada de la ANDA (Asociación Nacional de Actores), no porque me excluyeran, sino porque el orden natural de las cosas me iba alejando de un grupo del que no me sentía parte para acercarme a otro en donde compartía muchos más rasgos de identidad. En resumen: no me entendía con mis compañeros del reparto.

Era una sensación rara: todavía no me quedaba claro por qué sucedía si todos éramos actores y actrices parte del mismo mundo del cine y, más específico, del cine mexicano. Iba dándome cuenta, poco a poco, de que yo era «el otro»: lo distinto, lo ajeno, el que venía de Ecatepec. No es que fuera un inocente y no entendiera de clases sociales, de riqueza y zonas exclusivas —sobre todo en la Ciudad de México—, ni que me pasaran por alto las prácticas discriminatorias en los medios, pero simplemente yo no creía que fuera diferente, como si ser actor no aplicara para mí; en mi colonia yo era de los «fresones», pero acá, esas semanas, entendí que yo era prieto.

La verdad era que, aunque de muchas formas me aceptaban como parte del grupo, me trataban, en la vida real, un poco como al personaje del jardinero. Algo así como cuando una familia acomodada y blanqueada presume que invitan a la mesa, durante la cena, a la persona que les cocinó y les limpió la casa ese día y con total inocencia dicen: «Es que es parte de la familia». Quiero aclarar, de nuevo, que mis colegas nunca me trataron mal. Me invitaban a echar desmadre con ellos, «era parte de la familia», me *integraban*. Sin embargo, no eran conscientes de la forma en la que me excluían porque, si bien yo había cumplido con algunos de los requisitos de validación no escritos para ser aceptado en su grupo, como, por ejemplo, el de haber superado el casting, todavía me faltaban varios para pertenecer de verdad al universo blanco. Yo sí me daba cuenta. Yo sí veía y no me sentía totalmente aceptado, tanto que, más de forma inconsciente que consciente, busqué la manera de sumar elementos de validación. El primero fue el de cambiar mi forma de hablar, de adaptar su acento.

Antes de entrar al mundo del cine y de codearme más con gente blanca, yo creía que mi acento de toda la vida era «neutral chilango», que cuando decía «carnal» sonaba como cualquier otro mexicano defeño, o incluso un poco fresa porque en mi barrio yo era parte de la fresez: tenía estudios universitarios, familia estable, mi papá era ingeniero y, aunque no tuviéramos mucho dinero, vivíamos sin las mismas carencias que muchos otros. Sin embargo, cuando me di cuenta de que mi «güey» no era lo mismo que su «gooooeey», entendí que yo hablaba más bien con un acento «ñero» y que, si quería ser parte de su grupo, debía cambiar mi forma de hablar. Después de que lo hice, más o menos fueron viéndome diferente, aunque todavía me faltaban más pasos de validación.

El gran cambio sucedió cuando el director, luego de ver los cortes que iban saliendo durante el rodaje, les dijo que yo «estaba muy cabrón», lo que ya era una forma de comunicarles que era un muy buen actor. En cuanto el director, blanco como ellos, me dio su validación, sentí un cambio en el trato de mis colegas de reparto:

el personaje del jardinero se quedó ahí, a cuadro, y a mí, por fuera, comenzaron a tomarme en cuenta como actor y casi como un igual. Había completado el rito de pasaje y asimilación: había obtenido validación de la blanquitud. Mi piel no se había vuelto más blanca y tampoco había salido del país para acumular historias y anécdotas en cafecitos o museos, pero el reconocimiento del director, respetable y talentoso, me colgaba una medalla de éxito profesional, que es uno de los rasgos esenciales de la blanquitud. Entonces me di cuenta de que lo que se había blanqueado era mi trabajo, no yo.

Por supuesto, con el tiempo me fui enterando de que algunos de mis colegas venían de lugares similares a mi barrio, que habían conocido y viajado por el mundo hasta que consiguieron el reconocimiento por su trabajo, tanto en lo económico como en lo artístico. Habían coleccionado esos elementos de validación, pero además algunos de ellos eran blancos de origen y la tuvieron un poquito más fácil.

Como dije, cuando llegué al mundo del cine caí en cuenta de que yo era «el otro». Mi acento era el de «el otro»; mi forma de comer, de caminar, de vestir, de entender e interpretar el mundo, de leer la vida, eran todas diferentes a las de mis colegas y no era parte de un grupo al que, en teoría, debería parecerme y con el cual debía compartir un montón de cosas. Por primera vez, me sentí prieto. Darme cuenta fue un choque fuertísimo. Por supuesto, a partir de ese momento, más que rechazar ese mundo en el que yo no había nacido y enaltecer mi origen, como muchos, intenté asimilarme... y le eché muchas ganas.

Quise hablar como ellos, vestir como ellos; empecé a probar su comida y los lugares a los que iban (a mi escala, claro, porque solo me alcanzaba para ir a algunos lugares de la Condesa y no a Venice Beach); empecé a probar otra vida. Sin embargo, aunque disfruté algunas cosas, renuncié después de intentarlo durante varios años. Era demasiado cansado y doloroso. Aquel intento de asimilarme, de mestizarme, me costó mucho. Poco a poco fui volviendo a mí, pero hay algo de lo que todavía no puedo recuperarme: perdí mi identidad lingüística, y creo que para siempre. Dejé de sonar como yo mismo, como soné toda mi vida. Dejé de sonar como mi infancia, como mis amigos, como mi familia. Años después de haber perdido u olvidado esta parte de mi identidad, tomé un taller de voz donde el maestro dijo: «Los ojos son el espejo del alma, pero la voz es el espejo de la intimidad». Yo la había perdido: me había perdido. Estuve a la deriva durante algunos años y cometí un buen número de tarugadas que me separaban de mi verdadero y original ser. Por fortuna, ahora, en casi todos los sentidos he revalorado mi identidad: la he vuelto a conquistar.

Al final, y ya visto en retrospectiva, en lugar de asimilarme a algo más, terminé por absorber todo lo bueno que tenía que ofrecerme ese mundo, lo que me sirvió para afianzar y reforzar lo bueno que mi mundo me ha dado, que ahora porto con orgullo. Al final de todo este viaje, me he dado cuenta de que nunca voy a pertenecer al universo de la blanquitud por muchas razones, y que tampoco me van a dejar pertenecer porque no tengo su historia;

porque no me quiero someter ni seguir lastimando mi identidad, y no la quiero borrar o poner al servicio de la que hace mucho tiempo se decidió que fuera la dominante. Pero por encima de todo: porque no se me pega la chingada gana.

1

EL RACISMO DE TODOS LOS DÍAS EN MÉXICO

México es un país racista que niega ser racista. Esto hace que nuestro problema de racismo sea todavía más grave, sobre todo porque mientras no lo aceptemos, más tardaremos en activar conciencia sobre el tema, discutirlo y, por supuesto, resolverlo. El problema no es un invento, y hablarlo echa abajo el argumento de que «somos clasistas y no racistas». Otro de los obstáculos a los que nos enfrentamos aquí en México cuando se trata de hablar de racismo es que existe demasiada confusión en cuanto a la definición del término porque vamos atrasados en la investigación y en la discusión.

Es sorprendente que le demos la espalda a nuestro problema de racismo si es algo tan claro y que podemos ver todos los días en nuestro entorno, hacia donde enfoquemos la mirada, en casi todas las áreas de nuestra vida. Es tan fácil como que te pongas a pensar en las veces que hayas escuchado la frase «hay que mejorar la raza». Claro, esta sigue repitiéndose porque en México nos enseñan a sentir vergüenza de ser lo que somos. Recuerdo cuando, de niño, una maestra me preguntó si a mis papás no les daba vergüenza haberme puesto un nombre de perro. Ella era mexicana, morena como yo, y parte del mismo grupo de la población. Sin saberlo, con esa pregunta, ella estaba negando nuestras raíces, nuestra identidad. Lo hacía porque seguro creció escuchando (también en la escuela, lo mismo de monografías o libros de historia llenos de sesgos eurofílicos) que nuestros antepasados eran unos salvajes y que los europeos, una civilización «avanzada», solo por buena onda, por espléndidos, llegaron a salvarnos de una vida casi animal. A ellos debemos agradecerles nuestra «humanización» o algo así. ¿Fue así en realidad? ¿Eran los pueblos mesoamericanos los verdaderos salvajes?

«Hay que mejorar la raza» es una de las expresiones más racistas que existen porque se trata de posicionar a una raza (la blanca) por encima de otra (cualquiera que no sea la blanca y, obviamente, de piel oscura). Estas cinco palabras tan horribles se dicen esperando que una persona de piel morena esté en una relación con una persona blanca o de piel más clara. Quien «mejora la raza» es, claro, la morena. Nunca vamos a escuchar esta frase si alguien decide emparejarse con una persona de piel igual o más oscura que la suya, sino más bien al revés. Todos hemos escuchado esto de abuelos, papás, tíos y amigos, e incluso en los medios de comunicación, en la boca de algunos comediantes poco originales, repetido como chiste hasta el cansancio.

Es raro o quizá contradictorio que en México nos enseñen a sentir vergüenza de ser quienes somos. Aunque los gritos de los días festivos digan lo contrario, un gran problema de nuestro país es que no nos queremos. El problema es que esta falta de amor propio y valoración de lo nuestro se ve todos los días: en nuestras interacciones, incluso en las más sencillas, en las que podríamos pasar por alto.

Quizá una de las cosas más tristes que esto provoca es que dentro de las familias existan favoritismos cuando uno de los hijos o hijas tiene la piel más blanca o de un tono más claro que el resto. De parte de los padres, haber procreado a una persona blanca es algo así como un trofeo social, una parte de la familia a quien pueden presumir y mostrar, como si llevaran dentro de sí genes de blanquitud.

Dentro de las familias mexicanas, incluida la mía, reproducimos microagresiones racistas que aprendemos desde nuestros primeros años, sin importar si somos de una familia morena o no. Recuerdo a una de mis novias, morena, que buscaba siempre la sombra o evitaba asolearse a como diera lugar porque «le quemaba la cara». No lo decía porque le preocupara sufrir cáncer de piel, sino porque no quería que se le oscureciera. Me llegó a decir que era para evitar manchas. Buscó todos los eufemismos posibles para darle la vuelta a la razón verdadera: no ponerse «más prieta». Me queda claro que ella, como otros, de seguro creció escuchando que lo ideal para ser bello era aspirar a lo blanco y que si uno es moreno, hay que evitar serlo todavía más. Son agresiones que nos marcan. De hecho, cuando la gente me busca por mensajes en Instagram para contarme sus historias, lo que más leo son anécdotas familiares que dejan cicatrices de por vida; son las más duras.

Una chavita me dijo que su papá, luego de varios años, le había confesado que prefería a su hermana porque era más blanca y ahora se daba cuenta de que había estado en un error porque la hermana blanca era más cruel. Ojo: no le dijo que su preferencia estaba mal por el color de piel, sino solo porque no se dio cuenta de cuál era la hermana más atenta.

Otra chica me contó que su mamá decía que una de sus hijas le caía medio gorda porque «parecía india», porque había salido a la familia de su papá (todos morenos) y no a la de ella (de piel más clara).

Mi buzón de Instagram y de mis redes sociales están llenos de anécdotas como estas. La cosa es: ¿por qué no aceptamos que somos un país racista cuando de forma automática nos han enseñado a suponer que «una raza debe mejorarse»? ¿Por qué chingados no lo aceptamos? Para mí, existen cinco razones básicas por las que casi todos los mexicanos y mexicanas todavía se tapan los ojos y deciden no ver la realidad en la que vivimos:

1. **La creencia de que el racismo se da únicamente entre blancos y negros.** La narrativa antirracista nos ha llegado casi exclusivamente de Estados Unidos, en donde el racismo es más fácil de identificar por el fenotipo de la gente negra; además, en un país tan diverso como el nuestro y culturalmente homogeneizado a la fuerza a través del mestizaje, la línea es más difusa y sutil. Es casi como si el racismo solo pudiera

existir en los polos de blanco vs. negro, como en las películas gringas, y no en un país con tanta variedad en las tonalidades de piel. Esta creencia, como irás leyendo, es falsa.

2. **México nunca tuvo un sistema de segregación institucional como el de Estados Unidos.** Nunca hemos tenido leyes que digan que la gente prieta deba usar baños diferentes, sentarse en la parte de atrás del transporte público, ir a escuelas diferentes a las de la gente blanca. Esto hace que el racismo que padecemos, de cierta forma, se vuelva invisible. Como no tenemos un registro de leyes segregacionistas tan descaradas como se tuvo o se sigue teniendo allá en el Norte, pues el racismo aquí no existe.

3. **La Independencia, la guerra de Reforma y la Revolución permitieron el ascenso social de personas indígenas.** Hemos visto cómo algunos de los personajes de nuestra historia ocuparon rangos militares y de gobierno altos, por lo tanto, ¿cómo es que somos racistas si tenemos a Benito Juárez? ¿Cómo podemos ser racistas si votamos por políticos que no son güeritos? Aquí no existe el racismo, no chingues.

4. **Por años, el Estado se ha encargado de hacernos creer que todos somos mestizos.** Esto comenzó con el proyecto de mestizaje de José Vasconcelos —sobre el que te hablaré más adelante—, pero ha continuado porque, en apariencia, suena lindo decir que aquí «todos somos iguales» y es menos doloroso creernos que sí, todos somos morenos y una mezcla de españoles con indígenas de nuestro territorio (aunque sea mucho más común y deseable celebrar la raíz española

sobre las indígenas, algo sobre lo que también te contaré en las siguientes páginas).

5. La relación polarizante de bueno vs. malo. Nadie quiere ser el malo de la película. Si tomamos en cuenta que el racismo se entiende de forma básica como un «acto» que se realiza, y ese acto es, a todas luces, malo (discriminar, violentar, agredir en cualquier forma), pues nadie se sentirá a gusto con la etiqueta de un ser malvado, de ejercer el racismo. Además, como estos actos no son dramáticos o violentos, como quemar cruces o linchar personas, la gente se absuelve a sí misma y se engaña diciendo que no es racista y, por ende, no es negativo lo que hace. **El racismo no es un acto aislado, reducido a la violencia física: es un sistema completo lleno de prácticas discriminatorias.**

Estos cinco son los principales motivos por los que, aunque aquí también es clarísimo que existen actitudes racistas, leyes y protocolos racistas, creemos que estamos por encima de este mal mundial.

Pero vuelvo a lo que aprendemos de Estados Unidos. Si le preguntas a cualquier persona por el racismo en general, por su idea o la primera imagen que pueda darte, lo más probable es que le venga a la mente la foto de un integrante del Ku Klux Klan: un tipo con bata blanca, con un cucurucho en la cabeza, quemando cruces y linchando gente negra. Sin embargo, esa imagen o el mismo linchamiento es la consecuencia última del racismo, la más horrible de todas sus expresiones porque termina con la vida humana, la extermina. El racismo no solo es eso, así como el machismo no solo se trata de ejercer violencia física contra la mujer.

Para que una persona estadounidense llegue a ese nivel, unirse al «Klan», quiere decir que creció y se educó dentro de un sistema que alentó, creó, normalizó y justificó la barbarie en sus primeras etapas, con ideas discriminatorias, lecciones de parte de su familia (son peligrosos, son flojos, son criminales, no te metas a ese barrio), los medios (son villanos o drogadictos en las notas periodísticas) y hasta del gobierno (que encarcela a una cantidad exagerada y desproporcional de gente negra por crímenes menores); sin que nadie le dijera de forma directa que hay que maltratar a una persona por su color de piel, todo a su alrededor le mandó estos mensajes. Por eso, cuando hablamos de un sistema, nos referimos al conjunto de prácticas, usos y costumbres, representaciones culturales y en medios de comunicación, leyes y políticas públicas que promueven o perpetúan un fenómeno; en este caso, el racismo. Todos estos elementos están tan normalizados y son tan parte de nosotros que los pasamos por alto, no los vemos, pero alimentan a la bestia. De hecho, aunque todo a su alrededor les dice quiénes son inferiores y quiénes son superiores, el discurso es que obviamente ser racista es cruel.

¿Qué pasa entonces con quienes niegan el racismo en su país? Ser racista es algo «malo». Por lo tanto, primero: nadie se asume como racista porque nadie quiere ser el malo de la película. Segundo: como no se ven en esa situación, montados en un caballo quemando cruces, quiere decir que no son racistas. Sería como decir que los hombres que ejercen la violencia de género son solo aquellos que han llegado al punto de golpear o asesinar a una mujer. Visto así, si no llevo el cucurucho, no soy racista. Error.

ALGUNAS ESCENAS DEL RACISMO MEXICANO

El racismo de todos los días en México se manifiesta en insertos, en escenas aisladas de una película, en pedacitos que parecen irrelevantes dentro de la trama, pero que juntos cuentan la historia y nos dan un mensaje bien claro.

EXT. GASOLINERA/CIUDAD DE MÉXICO — DÍA

El día justo después de haber comprado mi camioneta, muy bonita, híbrida. Me la acaban de entregar y, después de dar la vuelta, quiero ir a cargar gasolina.

Llego a la gasolinera y le pido al DESPACHADOR que me llene el tanque.

El DESPACHADOR pide que abra el compartimento de la gasolina, pero, como es nueva, no sé dónde está. Empiezo a buscar por todos lados, debajo del asiento, del

tablero, junto al volante, pero no puedo
encontrar la manera. Al final, le digo:

TENOCH
Oye, perdón, la verdad no sé cómo
abrirlo. ¿Tú sabes en dónde está el
botón para abrir el tanque?

El DESPACHADOR, sacado de onda responde,
con una media sonrisa:

DESPACHADOR
¿Y sí es tuya o...?

TENOCH
¿O qué?
DESPACHADOR
No, pues, ¿sí es tuya?

TENOCH
Sí.

DESPACHADOR
¿Seguro?

TENOCH
Sí, ¿por?

Le digo eso ya consciente de lo que él
está comunicando con su pregunta: que yo
no puedo comprar una camioneta así.

No me conoce, es la primera vez que me ve, pero me percibe prieto y un prieto no encaja al volante de un carro así, a menos que lleve a alguien blanco atrás.

INT. RESTAURANTE/CIUDAD DE MÉXICO — DÍA

Llego a un restaurante en la Condesa, en la Ciudad de México, ni siquiera uno de los más elegantes o exclusivos, sino que es un establecimiento típico de esa colonia. Pido de comer, me tomo mi tiempo y, cuando me traen la cuenta, le pregunto al MESERO:

TENOCH
Disculpa, ¿aceptas tarjeta?

El MESERO responde enarcando las cejas:

MESERO
Pues si tiene saldo, sí.

EXT. HOSPITAL/TLALPAN — DÍA

Unos días antes de escribir esta página.

Llego al hospital para que me operen el dedo. Es un hospital en Tlalpan, de esos enormes y que parecen hoteles de cinco estrellas, carísimos, de los típicos que te cobran hasta por respirar dentro de sus paredes.
Llego (también en mi camioneta nueva) y, como es la primera vez que voy a ese hospital en particular, no sé en dónde estacionarme. Le pregunto a una de las personas que se encargan de echarte la mano para estacionarte y le «echan un ojo al coche» por algún lugar o que me diga en dónde puedo dejar mi coche.

VIENE-VIENE
¿Nomás vienes a recoger gente?

TENOCH
No, soy paciente. ¿O a poco usted cree que los prietos no podemos pagarnos un hospital como este?

Aunque el señor no pretende ofenderme, quizá ando de mal humor como para aguantar el racismo de todos los días en México.

VIENE-VIENE
No, ¿cómo cree? No quise decir eso,
jefe.

El señor se ve claramente avergonzado.
Lo cierto es que no es su culpa, sino de
nuestro entorno y de cómo nos han enseñado a vivir y a leer el mundo.

EXT/INT. COMPLEJO DE DEPARTAMENTOS/
CIUDAD DE MÉXICO — NOCHE

Siete u ocho años atrás.

Una muy buena AMIGA mía, actriz de Televisa, alta, de ojos claros, piel blanca y empaquetada en el tipo de belleza
hegemónica que dicta la blanquitud me
invitó un día a su casa porque había
organizado una reunión entre sus amigos
cercanos.
Paso por ella (sin bajarme del coche).
Vamos a comprar algunas cosas, como bo-
tana y bebidas.

Regresamos a su departamento en Las Águi-
las, una colonia fresa de la Ciudad de
México.

El depa es parte de una de estas unidades habitacionales que ahora, pomposamente, llaman «complejos» o «torres de departamentos». ¡Es una unidad habitacional! ¡No mamen! Claro, llamarle así remite a vecindad, a barrio, a arrejuntamiento, pero en este mundo ni la arquitectura ni la vivienda se salvan del proceso de blanqueamiento social.

Nos estacionamos en uno de los cajones para visitas y entramos por la puerta principal de su edificio. Apenas cruzamos, nos topamos con el GUARDIA, que con toda propiedad (no de forma agresiva) se nos atraviesa y pregunta:

GUARDIA
¿A dónde se dirigen?

AMIGA
(contrariada)
A mi departamento.

Claro, nunca antes le habían preguntado a dónde iba cuando llegaba a su propia casa.

GUARDIA
(a TENOCH)
¿Usted solo la deja y se va? ¿O
se va a quedar a esperarla en el
estacionamiento?

AMIGA
(contrariada)
A mi departamento.

De nuevo, no me lo pregunta de forma
agresiva, sino más bien de forma proto-
colaria, porque está cumpliendo con lo
que le dijeron que era su chamba.

TENOCH
(entre risas)
No, nada más la voy a dejar.

AMIGA
No, viene conmigo.

Yo de todas formas sigo con el juego (al
menos para mí) y le digo:

TENOCH
La voy a esperar ahí en el
estacionamiento.

GUARDIA

(a TENOCH)

Mejor véngase a platicar conmigo.

TENOCH

Claro que sí, jefe.

Pasamos y en cuanto lo dejamos atrás, mi AMIGA, algo confundida, pero ya con más claridad o entendimiento de lo que acababa de vivir, me dice:

AMIGA

No chingues, Tenoch, ¿qué fue eso? ¿Por qué no le hacen eso a ninguno de mis amigos?

TENOCH

¿Cuántos de tus amigos son morenos?

AMIGA

Solo tú.

TENOCH

Ahí tienes tu respuesta.

EXT/INT.   MISMO   EDIFICIO   DE   DEPAS/
CIUDAD DE MÉXICO — NOCHE

Tres meses atrás.

Una cena con otra buena amiga.

Al final, me pide que le dé un aventón a
su casa, y que ahí nos echemos un ciga-
rrito y una chelita para cerrar la noche.
Cuando me dice en dónde vive, le platico
la anécdota que acabo de contar unas líneas arriba.

Luego de escucharla, suelta una carcajada
y me dice que era increíble cómo se «pasaban». Dice que, obvio, me cree, pero no
se puede imaginar la escena.

Repetimos el mismo proceso de ocho años
atrás.

Cuando nos ve llegar, el GUARDIA de la
caseta me pregunta:

                    GUARDIA
    Oiga, ¿y la viene a dejar? ¿Se sale o
    la va a esperar en el estacionamiento?

TENOCH
(muy serio)
No, de hecho, soy su gigoló, ella me contrató, voy a pasar a su habitación.

Mi amiga se carcajea y el GUARDIA no sabe qué hacer. Dos veces en el mismo lugar, con dos guardias diferentes, con casi una década de diferencia. Podría decir que en esos ocho años yo había cambiado, que la primera vez íbamos en el coche de otra persona y que la segunda en el mío, quizá hasta iba mejor vestido, no sé, pero de todas formas yo seguía siendo prieto.

INT. CENTRO COMERCIAL/CIUDAD DE MÉXICO — DÍA

Acompaño a mi chica a un centro comercial a que compre no sé cuántas cosas. Después de un ratote, yo cargado de bolsas, le digo que la espero mejor sentado, hasta que termine.

Busco una banca afuera de una de las tiendas, pero todas están ocupadas, así que me siento en el piso.

A los pocos segundos se acerca un GUAR-
DIA y me dice que no puedo estar sentado
ahí, algo que al principio tomo como
lógico, pero le digo que no hay bancas
disponibles y que me siento cansado. Eso
le vale madres, se cuadra y me pregunta:

GUARDIA
¿Son tuyas las bolsas?

TENOCH
¿Qué tienen que ver las bolsas con
sentarme aquí?

GUARDIA
A ver, enséñame los tickets.

TENOCH
¿Para qué los necesitas? ¿Por qué te
los tengo que enseñar?

GUARDIA
Porque te lo estoy pidiendo.

No pasa a mayores, sobre todo porque sé
manejar ya estas escenas. Por supuesto
que la relación de prieto con compras no
checa, a menos que sea en un mercado y
lo que carguemos sean frutas o verduras.

Podría seguir contando anécdotas idénticas; tengo una cantidad impresionante de historias guardadas porque me suceden todos los días. Se suman y se siguen sumando, y no solo son las mías. De seguro, si eres prieto o prieta y estás leyendo este libro, has ido coleccionando las tuyas y ya has empezado a recordar varias. No sé si lo habías pensado antes o lo estés apenas entendiendo, pero no debería ser normal que eso le suceda a la gente morena. Aunque, claro, sí que es normal para las personas que habitan o trabajan en el mundo de la blanquitud, esas que se compraron la historia del prieto inferior, que creyeron en la narrativa de que el color de piel te vuelve sospechoso de inmediato, o salvaje, criminal o huevón. Para ellas sí es normal que nos detengan en la calle, que las patrullas nos echen las luces cuando vamos caminando, que nos sigan y echen el ojo cuando entramos a una tienda porque podríamos robarnos algo, que nos tengan miedo y se cambien a la otra banqueta, que sientan pavor por nuestros barrios.

Ahora, a 22 años del cambio de milenio, no creo que hayamos mejorado nada. Ni tantito. Al menos no en las prácticas que vemos en el racismo cotidiano en México. Aunque sí me he dado cuenta de que la gente en general ahora habla más del racismo en el que vivimos, algo que no se hacía hace dos años incluso. Se habla de forma abierta. Se habla de racismo en las escuelas, en los medios de comunicación, ¡hasta en «la mañanera»! Me queda claro que se hace con intenciones políticas, pero al menos está en boca de los mexicanos, aunque todavía no en sus actos.

Por fortuna, hoy hay gente que sí acepta que México es un país racista, sobre todo las nuevas generaciones. El problema ha sido que muy poca gente tiene muy claro qué es el racismo. Han aprendido que ser racista significa vestirse de blanco y con un cucurucho, montar un caballo también blanco e ir a ahorcar gente negra y quemarles sus casas. Han aprendido que ser racista es ser violento y nada más. Por lo tanto, como nadie hace eso en nuestro país, dan por sentado que ni ellos ni nadie ejercemos las prácticas que componen el racismo. Lo cierto es que tú, yo, el señor de la basura, el microbusero, la empresaria, el actor, la productora, los cocineros, los guardias, la mamá, la tía y la hermana, el mesero… todos estamos sumergidos hasta el cuello en sus prácticas y dinámicas porque somos parte de una cultura racista.

2
¿QUÉ ES EL RACISMO?

Si lo definimos en palabras sencillas, el racismo es un conjunto de prácticas, leyes, instituciones, costumbres, creencias y normas sociales que discriminan a personas por su fenotipo, lengua, etnia, origen o color. Como dije algunas páginas atrás: el racismo no es solo un acto, sino todo un sistema.

El racismo se da cuando discriminamos, limitamos o condicionamos derechos, oportunidades, puntos de vista, acceso a servicios públicos, mejores trabajos, ascensos, mejores sueldos, educación, salud, vivienda, entradas al antro de moda; cuando te tratan mal en el restaurante o fonda, o tu abuelita prefiere a tus primos menos prietos; cuando te dicen que hay que «mejorar la raza» o tus jefes repiten que «como te ven, te tratan» tan solo por no verte como el grupo dominante blanco: no te discrimina por quién eres, sino por cómo te ven los otros.

Es decir, el racismo existe en todo: en cada institución gubernamental, social, privada, cultural y hasta en el lenguaje. Si somos parte de esta sociedad y participamos de todo lo anterior, sin necesidad de ser violentos o activamente agresores, queramos o no darnos cuenta, todos somos racistas. Tú y yo también. ¿Por qué? Porque fuimos formados en ella y nos condicionó, y porque nos «hicimos pendejos» durante siglos para no hablar de forma abierta y cotidiana sobre el tema.

El fenómeno del racismo parte de la idea errónea de que existen varias razas y de que, además, unas están por encima de otras: de que son «mejores». Sin embargo, en un estudio realizado en el año 2000 en donde se secuenció el genoma humano, se descubrió que las razas no existen.

Para que se considere que dos individuos pertenecen a razas distintas, debe haber una diferencia mayor al 6.3% en sus genes.[1] Con los seres humanos eso no pasa: de hecho, hay más diferencia genética entre bonobos y chimpancés, a quienes solo divide un río en el Congo, que entre un palawa de Tasmania y un aborigen europeo.

Es decir, no hay diferencias genéticas significativas entre cada una de las «razas» y que las diferencias físicas, las cuales «justificaban» la diferencia entre cada una, realmente son producto de la adaptación física que los humanos sufrimos para poder vivir en un determinado lugar. Cambios de forma, no de fondo, por decirlo de alguna manera: entre más nos fuimos al norte, más nos fuimos blanqueando.

---

[1] Según el estudio hecho en 1972 por el biólogo Richard Lewontin.

¿CÓMO SURGE EL RACISMO?

Hace algunos siglos, un pequeño, atrasado, salvaje, empobrecido, decadente, supersticioso, sucio e ignorante apéndice de la masa continental asiática, llamado Europa, se vio privado de los productos y de las riquezas que el majestuoso Oriente comerciaba con su «continente». Esto se dio debido a la caída de Constantinopla, capital del entonces Imperio romano de Oriente y hoy Estambul, Turquía, a manos de los turcos otomanos, quienes impusieron aranceles impagables al comercio de la Ruta de la Seda, la cual iba desde China hasta Constantinopla y llevaba sus mercancías a los mercados europeos.

Asustados, varios reinos y un sinfín de aventureros europeos buscaron la mejor forma de continuar con el comercio y seguir llevando aquellos productos a sus tierras, así que se dieron a la tarea de pensar en soluciones y decidieron explorar otras rutas por tierra o mar.

Fue así que un compadre genovés, de nombre Cristóbal Colón, tuvo la gran de idea de cruzar el océano por el lado contrario al que habían estado sugiriendo otros exploradores: en lugar de llegar a China rodeando África, perdiendo un chingo de tiempo y arriesgándose a la piratería o gastos y peligros excesivos, pensó que podía darle la vuelta al mundo si navegaba hacia el oeste (en ese entonces ya se sabía que la Tierra era redonda; de hecho, eso se enseñaba en los centros de saber islámicos) porque imaginaba que el mundo era un poco más pequeño.

Cristóbal Colón se fue a convencer a un par de reyes de un pequeño, violento y xenófobo reino en la península ibérica para que le patrocinaran el viaje. Los señores le dieron tres lanchones de lujo con los que se lanzó al mar y, con mucha buena suerte, se encontró todo un continente lleno de riquezas: civilizaciones exquisitas, milenios de conocimiento acumulado, tierras, ríos, fauna y flora espectaculares, un chingo de gente y oro, mucho oro. El problema fue que la gente que encontró era diferente a él. Hablaban diferente, se vestían diferente, no habían descubierto la pólvora y, lo peor de todo, ¡no conocían a sus ídolos religiosos! Por lo tanto, si no compartían los rasgos que para ellos eran humanos, si no adoraban al mismo dios, aquellos seres no eran humanos. ¿Qué otra explicación podía haber?

Por supuesto, si estos no eran como él, eran de poca ayuda o no valía la pena conocerlos. Por eso, como buen salvaje, al señor solo le interesaron el oro y las materias primas (nada ha cambiado en 500 años). Sin embargo, los nativos del lugar que había «descubierto» no se lo iban a dar así como así. Por lo tanto, de inmediato se dedicó a matar, robar y esclavizar a los habitantes de la isla a la que había llegado primero y que bautizó como San Salvador, valiéndole madres cómo la llamaban sus verdaderos descubridores y habitantes.

Después de esa masacre, de pronto, se arrepintieron. Se dieron cuenta de que aquello que habían hecho era un horror y que los seres de piel oscura tenían un gran valor y mucho que enseñarles a ellos, los venidos de Europa. Por lo tanto, ni tardos ni perezosos, los europeos se dispusieron a establecer lazos fraternos de comunicación, intercambio cultural y científico, que hicieron del mundo un lugar mejor, armónico, bello y resplandeciente, por el cual les estuvieron infinitamente agradecidos, porque ese, su mundo, perdura hasta nuestros días.

¡Ahhhhsecrean! Los culeros siguieron con el plan de colonización, mandaron más lanchones, más hombres blancos y se pusieron a conquistar, violar, matar, saquear, quemar, destruir, desmembrar, secuestrar y asesinar gente a diestra y siniestra para quedarse con las riquezas de este territorio. La mayoría de las veces, cuando no podían solos, se aliaban con unos pueblos mesoamericanos para vencer a otros y quedarse con la región, y concedían grandes beneficios a las élites de los aliados morenos (empoderar élites locales para a través de ellas tener dominio sobre la gente y sus recursos, ¿en dónde habré escuchado eso?). Luego se encargaron de poco a poco ir borrando las identidades de los pueblos para instalar la suya, sus usos y costumbres, sus ídolos religiosos, además de sus formas de ver el mundo.

Claro, algunos sabemos eso y entendemos que fue algo horrible. Otros creen que fue horrible, pero que era necesario que salvaran a los «pobrecitos salvajes». Además, ahora no podemos tomar bandos porque «nosotros» no nacimos en el continente europeo, pero tampoco somos descendientes directos de los pueblos mesoamericanos. Somos una mezcla. Por eso no podemos ser racistas, porque nuestras raíces son de aquí. No somos uno ni somos otros. Aquí, con los años, nos hicimos uno mismo. ¿Verdad? ¡¿VERDAAAAAAD?!

Nah... lo cierto es que estos culeros se dieron cuenta de que el continente era muy rico y de que, si le chingaban, podrían obtener muchas riquezas, ¡pero qué pinche hueva! Uno no va por la vida matando gente para después ponerse a trabajar. No, señor. Lo que hicieron estos salvajes fue, primero, arrasar a todos los pueblos que ya existían en el lugar y, para eso, hicieron uso de su mayor capacidad para asesinar en masa. Gracias al uso de la pólvora, aprendido de los musulmanes, pusieron manos a la obra para matar a la resistencia. Sin embargo, como eran un chingo de compadres los que vivían aquí y obviamente no se iban a dejar matar tan fácilmente, los europeos hicieron alianzas con pueblos rivales de aquellos que dominaban las regiones. Con el uso de la diplomacia y un chingo de violencia, como arrojar niños a los perros de ataque o cañonear a ancianos puestos en fila para ahorrar municiones, o envenenar mantos acuíferos con los restos de sus soldados enfermos, los europeos lograron alianzas y con eso, un chingo de suerte y enfermedades, lograron someter al continente.

Una vez que ya se habían chingado a todo mundo, se vieron ante la paradoja de tener muchas tierras y poca gente para trabajar. Pudieron haber trabajado ellos mismos, pero decidieron no hacerlo.

Por esos años, el papa dijo que no estaba bien esclavizar gente porque, sin importar nada, «todos somos hijos del mismo Dios y uno no esclaviza a los seres que Dios hizo a su imagen y semejanza», a menos que... Pues bien pinche fácil: di que no son hombres (porque en esas fechas solo los hombres tenían condición humana para esos salvajes). Así que se inventaron mil mamadas para justificar la esclavitud. Por ejemplo, se dijo que los habitantes de África, de piel más oscura, no practicantes del cristianismo y con culturas muy diferentes a las europeas, no eran humanos.

Este fue un momento clave. La gente del continente africano ya había sido esclavizada por musulmanes y otros reinos locales, pero no por su color de piel, su aspecto físico o su cultura, sino por haber perdido alguna guerra; solo por ser pueblos vencidos, de la misma forma que los europeos tenían eslavos o los romanos esclavizaban a todo mundo. Lo hacían por haberlos derrotado en alguna guerra. Nada tenía que ver con su «raza»; es más, esa idea no existía. Existía la idea de pueblos y civilizaciones superiores, pero no de «razas» superiores.

Pero ¿qué hacer con los aliados indígenas que les ayudaron a ganar las guerras? Ni modo de ponerles en la madre y esclavizarlos, ni modo de aceptar que se aliaron con no humanos. ¿Cómo les explicas a las élites aliadas que ya no son iguales si siguen siendo más que tú y te pueden madrear si quieren porque conocen tus debilidades? Pues les dices que son humanos, pero «sin alma», y que si se mezclan con los invasores, obtendrán el estatus de «hombres», y así ellos ganan derechos legales y los europeos la oportunidad de heredar y controlar cacicazgos, riqueza y poder. Luego de hacerse pendejos un rato, dijeron que sí teníamos «alma», pero éramos niños que necesitaban su tutela. Así, el crimen más brutal que se puede ejercer sobre una persona, la esclavitud, quedó justificado. Ellos, los salvajes, eran «humanos» y nosotros éramos «animales o semihombres».

¿Cómo identificar y diferenciar unos de otros? Fácil: todo aquel que no sea blanco, europeo y cristiano no es humano y merece ser esclavizado. ¿Y qué pasa con la diversidad y las sutilezas? Porque hay gente que ni es tan blanca o ni tan morena, o ni tan caucásica o ni tan asiática. Sencillo: los miembros de la cultura dominante determinan qué tan humano eres por cómo te ven; es decir, ellos van a leer tu cuerpo y decidir si pasas o no. Por eso, en ciertos contextos, somos leídos de una forma o de otra. Por eso, en ciertos lugares nos leen como más morenos o menos morenos, más fresas o menos fresas, más educados o menos educados, porque la racialización (los atributos que se dan a un grupo racializado desde el prejuicio) no depende de ti ni tiene nada que ver contigo: depende de cómo te lee el contexto en que te encuentres. El racismo no es inherente a los individuos racializados, sino a cómo son percibidos por los otros.

Primero con la religión, luego con el grado de civilización, luego con la ciencia, luego con la moral y ahora con la capacidad económica: el poder siempre va a justificar que los miembros de la élite lo sean y el resto estemos dominados por ellos.

Hace 500 años estos salvajes saquearon, asesinaron, violaron, exterminaron, destruyeron y empobrecieron cuatro continentes y dijeron que todo aquel que no se les pareciera era inferior e hicieron leyes para mantenerse en la cima de la escala social; hicieron teología, historia, filosofía, ciencia para justificar por qué ellos merecen todo y nosotros nada. Luego de 500 años, esas prácticas no desaparecieron, solo se transformaron; se volvieron más sutiles, pero no menos poderosas.

Nos dijeron que nuestros abuelos eran unas «bestias comecorazones» para no sentir orgullo ni empatía por ellos; nos dijeron que éramos niños y aceptamos su tutela;

nos llamaron incivilizados y olvidamos nuestra flor y nuestro canto; nos llamaron inferiores y los comenzamos a ver para arriba; nos llamaron salvajes y comenzamos a creer que no éramos humanos; nos llamaron «nada» y les creímos.

¡LOS RACISTAS SON LOS GRINGOS! EL RACISMO SEGREGACIONISTA VS. EL RACISMO INTEGRACIONISTA

Una de las mentiras más grandes que he escuchado a la gente repetir es que en nuestro país todos somos mestizos y que, por lo tanto, aquí no somos racistas, sino más bien clasistas. «¡Racistas los gringos!», dicen. La diferencia entre el racismo en Estados Unidos y México es que el primero es segregacionista (separa a la gente por grupos raciales) y el segundo integracionista (absorbe, borra, niega y prohíbe la identidad cultural no mestiza).

Estados Unidos, a diferencia de México, sí acepta su racismo. Llevan décadas hablando abiertamente del tema y hasta el más racista de los racistas acepta que el racismo existe. En México nos hemos hecho bien pendejos y lo negamos o no lo identificamos. Estados Unidos produce películas, libros, conferencias, podcasts, comedia, canciones, poesía y muchas cosas más para hablar del tema, y nos quedamos con la idea de que si el racismo no se parece a lo que ellos nos muestran, es decir, gente colgada de árboles y cruces quemadas, entonces no es racismo. En México los racistas son funcionarios públicos, opinólogos, empresarios, religiosos, comediantes y hasta candidatos a la presidencia; en algunos casos, todo a la vez.

Ahora bien, con más detalle, ¿qué es el racismo segregacionista? Es aquel que separa (segrega) a la gente por grupos: negros por un lado, latinos por allá y asiáticos en otro espacio, mientras la gente blanca está en su propio lugar y por encima de todos. En la historia de Estados Unidos, esto no solo se ha hecho de forma orgánica o descarada, sino que escribieron leyes específicas para mantener a la gente negra viviendo en un lugar, lejos de la gente blanca. A esto se le conocía como *redlining* (dividir con una línea roja). Esto suponía, por ejemplo, negarle servicios financieros a gente que viviera en ciertas áreas de una ciudad porque se les consideraba de alto riesgo o, entiéndase, peligrosos; es decir: no les daban créditos para casas, seguros, cobertura médica. Esto fue aumentando la brecha entre la riqueza de la gente blanca en Estados Unidos, quienes sí compraban casas, las heredaban a sus hijos y se mantenían siempre por encima de las minorías. A esto le podemos sumar las prácticas que conoces en las que no podían mezclarse las razas, como en escuelas, transporte público, baños, restaurantes y demás.

Por lo tanto, al separarlos, este tipo de racismo se encarga de dejarnos claro quién es quién y cuál es el lugar en la jerarquía del color de piel; se preserva el *statu quo* y los blancos siguen acumulando privilegios mientras los no blancos acumulan opresiones.

El racismo integracionista funciona de forma diferente. Es más peligroso porque, por su carácter, tiende a esconder los horrores que representa. Aquí nos metieron a todos, a huevo, en un mismo grupo: el mestizo. Hay que decir que no porque la palabra sea derivada de «integración», tiene matices positivos. Para nada.

El objetivo de este racismo es meternos a todos a la misma categoría racial: la mestiza. Con esto se niega la diversidad cultural y lingüística de todas las naciones indígenas, comunidades afrodescendientes, asiáticas, etcétera, que integran México.

La identidad mestiza es europeizante y eurocéntrica: es la de quien habla español, participa de los usos y costumbres occidentales, y enarbola sus valores éticos, culturales, sociales, históricos, políticos, económicos, individualistas. Este tipo de racismo, al decir que todos somos iguales, lo único que hace es ocultar los privilegios que recibe la blanquitud y niega las opresiones contra todos los demás con eufemismos, como que la pobreza y marginación son culpa de quienes las padecen por no haberle «echado ganas», sin caer en cuenta de que el sistema se diseñó para que los grupos hegemónicos acumulen poder y riqueza, y los demás, nada.

El integracionismo nos obliga a mimetizarnos con la blanquitud para poder tener mejor calidad de vida y valor social, negando la identidad, hablando español (con acento chilango fresa, mejor), dejando de vestir la ropa tradicional, consumiendo productos y habitando espacios aspiracionistas y, de ser posible, casándonos con personas de piel más clara. Nos acercamos más a la identidad de la blanquitud y negamos nuestra «prietez» del alma y el cuerpo.

El gran problema del racismo integracionista es que borra las líneas de aquello que se considera racista y lo que no. Confunde porque invisibiliza, porque es más sutil; porque se vuelve práctica social y no necesariamente ley escrita; nos mete ideas en la cabeza que luego llevamos a la práctica y hasta defendemos; niega nuestros rostros y nuestras voces a través de nosotros mismos, a través de lo que deseamos y a lo que aspiramos: todo lo que nos han enseñado que es bienestar y civilización, que está basado principalmente en el estilo de vida occidental. Mientras el conocimiento válido es occidental, lo demás es superstición. El arte válido es el folclor de unos pueblos belicosos del Mediterráneo; todo lo demás es artesanía. La organización social más elevada es la práctica democrática de Occidente; lo demás es tribalismo. La única religión es la de un hombre barbado, rubio y de ojo azul; lo demás es idolatría. El integracionismo nos obliga a desear lo que no somos ni podemos ser, en lugar de valorar, cuestionar y mejorar lo que sí somos.

Esto es el *color blindness* mexicano: al decir que no vemos colores, negamos la existencia de la diversidad, pero, sobre todo, negamos las violencias que otros sufren por no corresponder a la norma de la blanquitud.

EL RACISMO ES UN SISTEMA, NO UNA ACCIÓN

La idea central del racismo es que una «raza» está por encima de otras, ya que como sistema, siempre va a privilegiar a un sector específico de una sociedad, al que sus miembros se acerquen más a la «raza superior». En el caso de México, es a una pequeñísima élite que, gracias a su posición dentro del mismo sistema, de forma consciente o inconsciente, oprime y limita (se chinga, pues) a la otra parte, que somos la gran mayoría, porque según sus ideas, es el lugar que nos corresponde. Ellos son el grupo dominante y el resto pertenece al grupo oprimido o dominado. Sin embargo, no siempre este grupo abusa de forma directa del otro, sino que, más bien, son sus valores (impuestos a los demás de varias formas desde los tiempos de la Colonia, aquí en México) y sus códigos de superioridad los que van permeando en todas las áreas de una sociedad y se convierten en un sistema. Con eso, el racismo se vuelve un enemigo difícil de ubicar para muchos, sobre todo si no son personas violentas o que acostumbren a hacerles la vida difícil a otros. Si nos quedamos con la idea de que la persona racista es solo aquella que de forma descarada agrede a otro, nos costará mucho cambiar las cosas.

Al hablar de sistema, tampoco quiero decir que hay un grupo de hombres blancos reuniéndose en secreto, a manera de concilio, para pensar cómo perpetuar el racismo con todas sus letras para oprimir a la gente de piel oscura alrededor del mundo. No seamos infantiles, no funciona así. El sistema es invisible y, de la misma forma que el patriarcado oprime a las mujeres primero y a los hombres después y nos jode a todos por igual, el racismo como sistema existe, llega y afecta a todos, pero más —mucho más— a las personas de piel oscura. También, como el patriarcado, el racismo lo ejercemos todos: seres humanos de todas las edades y colores a partir de nuestras leyes, costumbres, tradiciones (incluidos los dichos o refranes), medios de comunicación (cine, televisión, publicidad y ahora redes sociales), programas educativos, las historias que nos contamos, la organización de nuestras ciudades y comunidades, las formas de coexistencia y de entender el mundo y las relaciones entre personas. O sea, todos somos cómplices de perpetuar este fenómeno aunque no lleguemos a ser violentos o agresivos contra otra persona de forma directa.

Por otro lado, los actos racistas no son exclusivos de la gente blanca o del grupo dominante. Las personas morenas hemos asimilado el problema y nos hemos vuelto víctimas y victimarios al mismo tiempo. De hecho, cuando los integrantes de Poder Prieto —un movimiento que busca crear conciencia sobre la influencia de las prácticas racistas en la vida de las personas— hemos hablado del tema, descubrimos que muchas agresiones racistas que hemos sufrido a lo largo de la vida han surgido de nuestras familias, de nosotros mismos o de otras personas también de piel morena. Se trata de microdiscriminaciones diarias que, al acumularse, afectan nuestros estados de ánimo y la forma en la que convivimos y entendemos el mundo y nuestra sociedad, pero también fortalecen al monstruo que buscamos derrumbar.

Desde niños, nuestros abuelos nos decían que la meta es «mejorar la raza», nuestros papás nos recordaban que «como te ven te tratan», nuestras hermanas nos confesaron «¡qué fea tu novia, parece sirvienta!», o nosotros le echábamos el ojo al güero o a la güera del barrio y pensábamos que por eso eran los más atractivos.

Ya en la vida adulta, estas microdiscriminaciones ocurren en todas partes: cuando nos atienden después que a las personas blancas, cuando los guardias de la entrada no nos dejan entrar a un bar o restaurante, cuando nos siguen en una tienda porque creen que vamos a robar algo, cuando tenemos problemas injustificados con la policía, cuando no nos contratan. ¿O cuánta gente está en la cárcel tan solo por su color de piel? ¿A cuántos prietos se han llevado como sospechosos porque se les ocurrió ser morenos cerca de la escena de algún atraco? ¿Cuántos no hemos conseguido un trabajo por morenos?

El hecho de que los actos racistas trasciendan a la gente blanca es otra clara señal de que este problema es sistémico, de que corre por nuestras venas. Es más, muchas de mis relaciones o contactos directos con gente blanca ni siquiera han sido desagradables (aunque los hay, y varios), pero, claro, han sido pocos porque crecí en otro contexto, lejos del universo blanco.

¿EXISTE EL RACISMO A LA INVERSA?

Hace poco escuché a un comediante explicar la idea del racismo a la inversa de forma muy clara. Dijo que cada que le preguntan por qué hace tantos chistes sobre la gente blanca en el país o que le tratan de explicar que lo que hace es racismo a la inversa, les suelta algo que va más o menos así: si nosotros (digamos que nuestros antepasados en la época prehispánica) hubiéramos ido a Europa para, apenas desembarcar, secuestrar personas, separar familias, pisotear su cultura y las maneras en que expresaban sus religiones y, a la fuerza, las lleváramos a trabajar para nosotros en campos y fábricas, y con ello nos enriqueciéramos; si los prietos hasta la fecha fuéramos por el mundo capturando blancos para esclavizarlos y creáramos religiones para que ellos las siguieran, dejando atrás las suyas, además de instituciones, ideologías, prácticas y leyes que nos empoderaran a los prietos y, luego de 500 años, yo me burlara de los blancos, sí, podríamos hablar de racismo hacia la gente de raza blanca. Si no fue así, no estén chingando.

Existen la discriminación y los malos tratos, por supuesto, eso no entiende de estatus, ni de color de piel, ni de privilegios. Sin embargo, no podemos hablar de racismo a la inversa. El hecho de que a un güero le cobren más en el mercado o de que a una persona blanca la señalen y hostiguen —como al Canelo Álvarez en su barrio por ser a lo mejor el único blanco y pelirrojo— es un acto discriminatorio, sí, pero no un SISTEMA racista; son actos, no sistemas. Esa discriminación es una reacción. Al colocar a la blanquitud y la piel blanca como lo superior, lo que no puedes ser, y que por no serlo te desprecian, entonces se vuelve un objeto de odio-deseo, algo que quieres poseer, pero, como no puedes, lo destruyes. Eso es algo muy pero muy humano. Si terminamos con el sistema racista que desprecia lo no blanco, también acabaremos con las discriminaciones hacia los blancos. Es muy similar a lo que sucede con el machismo: si lográramos hacer desaparecer el sistema patriarcal en el que vivimos, los hombres podríamos disfrutar de otro tipo de masculinidades menos agresivas, violentas y que nos pesan aunque no queramos entenderlo. Si alguien no quiere ver esta relación es porque no quiere. ¿O crees que si eres blanco te van a negar un ascenso en una compañía? Es posible que no lo consigas por otras razones, pero nunca porque eres blanco. Ahora,

¿crees que a alguien le podrían negar un puesto por ser prieto? No importa, no es de creer o no creer, porque con estudios y experimentos sociales se ha probado mil y una veces que sí.

Todos hemos sido racializados, aunque no todos de forma negativa. La racialización hacia los prietos (esto sucede con cualquier persona que no sea blanca) siempre será negativa, ya sea por discriminatoria, caricaturizada o erotizada; es decir, dándonos atributos que no nos corresponden, como decir que la gente negra es cachonda por naturaleza o grandes deportistas. Sé que pensarás que estos últimos son positivos, pero lo cierto es que se trata de darles a personas de un grupo en específico atributos que no son ciertos. Estos, más bien, son creados por la gente de «raza blanca» para definirlos o encasillarlos, para decirles para qué son buenos, malos o mediocres; para darles un papel que deberán interpretar durante toda su vida.

Si eres de los que leyó esto y pensó que los blancos sufren de racionalizaciones negativas porque se dice que no saben bailar (o que no tienen ritmo), ponte a pensar si eso es lo mismo que afirmar que la gente prieta es floja o es ratera. No saber bailar suena como un detallito en comparación con lo otro. ¿O cuántas veces has visto que en la banqueta le saquen la vuelta a una persona blanca porque se mueve sin ritmo? ¿O cuántas veces una patrulla o «perrera» ha trepado a una persona blanca por la noche, afuera de un bar, porque no sabe bailar? ¿Prefieres no saber bailar pero que te vean como un gran líder o saber bailar pero que te digan que solo puedes servirle a alguien más o entretenerlos con tus pasitos y gracias?

Tampoco es positivo que demos por sentado que una mujer rubia es tonta; es más, es machista. Pero es imposible comparar esa etiqueta con el sufrimiento de una mujer indígena que va a una clínica a consulta y sale de ahí esterilizada sin su consentimiento. ¿Le harían eso a una güera aunque fuera tonta? Porque eso que acabas de leer de la mujer indígena es algo que pasa en México y es común. Son racializaciones con consecuencias muy diferentes; además, ambos son actos machistas sobre los cuales debemos reflexionar y tomar acción.

En resumen, el racismo a la inversa no existe. Existe la discriminación, y sí, es discriminación por el color de piel, pero no todas pueden llevar la etiqueta de racismo porque el sistema, en sí, no está diseñado ni funciona para que la gente blanca sufra o les cueste más. El sistema está armado para que ellos disfruten de todas las ventajas y para que las mantengan durante generaciones y por tiempo indefinido, pues estas ventajas van construyéndose y fortaleciéndose, lo que hace que la brecha cada vez sea más amplia. ¿Te fijas cómo cambia? De nuevo: no quiero decir que la discriminación hacia la gente blanca o las etiquetas que les pongamos sean válidas, pero dudo que por decirles «pinches ricos», «fifís», «fresas» o «whitexicans» tengan problemas para sobresalir o ganarse un trabajo bien pagado, ¿no crees?

RACISMO INTERSECCIONAL

Según la Comisión Nacional de los Derechos Humanos, «la interseccionalidad es un concepto que nos permite identificar las múltiples identidades que confluyen en una persona o colectivo para entender las desventajas o privilegios que se le presentan a lo largo de su vida». Esto aplica para hombres y mujeres por igual. Por identidades se refieren a eso que nos une a un grupo, por ejemplo, dos hombres pueden tener identidades diferentes y solo compartir la de su género: uno puede ser blanco, el otro indígena; uno puede ser joven, el otro estar en la tercera edad; uno puede tener una discapacidad y el otro no; uno puede vivir en la ciudad, el otro en el campo; uno puede hablar español y otro idioma, y el otro una lengua indígena. Por ello, uno de ellos podría ser víctima de no solo una, sino varias discriminaciones: por ser moreno, por ser viejo, por ser discapacitado, por no hablar español. Cada una de estas identidades son como capas que nos van cubriendo. De la misma manera, el hombre blanco está cubierto por capas de privilegios: es blanco, joven, habla español, vive en una ciudad con todos los servicios. Entre más capas acumule una persona, tanto de privilegios como de discriminaciones, más tendremos una idea de lo que ha sufrido o de los beneficios que ha tenido en su vida. En México son varias las capas de discriminación que muchas personas sufren.

Una vez le dije a mi papá que en México éramos clasistas y no racistas, y él me contestó: «¿Ah, no? Grítale a alguien en la calle "indio" y verás lo que te hace». En México seremos morenos, pero nunca indios, ¿no?

Cuando era niño, en las tardes o fines de semana que me juntaba con amigos para jugar en la calle, seguido veíamos a una señora indígena que pasaba recogiendo cartón. Ella hablaba poco español, apenas el necesario para darse a entender en la ciudad, creo yo, y además lo hacía con un acento muy marcado. Cada que la veíamos, entre todos la jodíamos de cualquier forma posible. No recuerdo qué tanta chingadera le decíamos: el objetivo era joder, pero lo hacíamos con racismo; en el fondo, queríamos sentirnos superiores a ella. La señora, más que defenderse, nos pedía que la respetáramos: "Yo soy una mujer de respeto, respétenme si quieren que los respete", nos decía. Nunca la respetamos y ella nunca nos faltó al respeto.

Grotescamente imitábamos su lengua, arremedábamos su acento, repetíamos los chistes de la tele y alguno de los ladillosos le llegó a jalar las trenzas.

En algún momento, no sé bien por qué, las palabras de la señora llegaron a calarme, a resonar en mi mente. Solo recuerdo que un día dejé de burlarme, pero no hice nada por detenerlos. ¿Qué tanto iba a hacer un niño de seis o siete años frente a una bola de escuincles violentos?

Aquella señora, aunque era morena como nosotros, sufría de todas las opresiones que puedas imaginar: era mujer, anciana e indígena. No tenía estudios, por lo tanto no sabía leer. Era empobrecida. A ella se le juntaban todas las capas de opresión que pudiéramos sumar en este país racista, clasista, machista y culero. Nosotros, los niños violentos, éramos hombrecitos y para nada nos sentíamos indígenas. Éramos prietos, sí, pero "por lo menos" no éramos "indios". "Por lo menos" no andábamos recogiendo basura y cartón. Además, vivíamos en la ciudad y hablábamos español. "Por lo menos" no éramos ella.

Hoy me es imposible imaginar la impotencia de la señora, su sentimiento al saber que todo lo que ella era es motivo de odio y crueldad en nuestro país. No sé si ella podía ponerle nombre a todo eso, pero sin duda se daba cuenta. No tenía que irse a una colonia de gente millonaria para que la humillaran: basta toparse con unos niños prietos de la periferia cubiertos con algunas capas más de privilegios.

Llevamos el racismo tan interiorizado que despreciarla a ella era despreciarnos a nosotros mismos, a nuestro origen, a nuestros viejos abuelos. Despreciarla a ella era despreciar a nuestra sangre, a lo que nos da identidad, a lo que nos da forma, a nuestra corporalidad. La devaluación o rechazo a nuestra persona es uno de los efectos más dolorosos del racismo, porque aunque muchos pensamos que solo nos lleva a cometer actos racistas sobre otros, primero lo hicimos sobre nosotros mismos. ¿Lo has pensado así? Antes de que la agrediéramos, antes de

que llegara a nuestro barrio, de forma inconsciente y porque así nos lo enseñaron,
ya habíamos tratado de dejar de ser lo que
éramos, porque esos niños que éramos y luego
yo mismo como adulto —al igual que millones de personas— estamos tan cegados con la
idea de la blanquitud que dejamos de ver-
nos a nosotros mismos y de percibirnos como
prietos, como hijos o nietos de indígenas,
de campesinos o de obreros. Ya como adulto,
entendí que al agredir a esa señora, estaba
siendo violento con mi mamá, con mi abuela
y mi bisabuela; con todas las mujeres de las
que vine.

Si llegáramos al punto de eliminar la discriminación
hacia personas como ella, si por fin pudiéramos eliminar
cada una de las capas de opresión en las que nos fijamos,
entonces sí, dejaríamos atrás el racismo sistémico.

Para nosotros, unos morros de Coacalco, era una
especie de orgullo separarnos de alguien que se encon-
traba abajo en la escala social, cuando para la gente que
vivía a unas calles de la misma colonia (en una parte, en
teoría, más bonita y segura), nosotros mismos estábamos por debajo; es decir, éramos estigmatizados porque
vivíamos en una calle (la mía) que era de las más peligrosas de la zona. ¿Te fijas cómo funcionan estas capas
de incongruencia bajo las cuales nos movemos?

Las opresiones y los privilegios son intercambiables.
Aquella señora llegó a mi colonia y, a ojos de nosotros,
se hallaba por debajo de nuestro nivel. Pasaron los años

y yo fui sintiéndome, además, el fresa de la cuadra. Ahora, cuando vuelvo, sigo siendo eso. Sin embargo, si me paseo por la colonia Polanco, en la Ciudad de México, soy un prieto racializado; es decir, me convierto en la señora que recogía cartón en mi infancia.

Esto me hace acordarme de la anécdota de un activista haitiano que cuenta cómo él se subió a un avión en Haití siendo blanco (porque era una persona con dinero, estudios y otros tantos símbolos universales de estatus y de poder) y se bajó en Estados Unidos del mismo avión siendo una persona negra, sin privilegios, sin su estatus, y fue tratado así, como lo veían en ese país. Cuando narra esto, repite cómo se dio cuenta de que él seguía siendo la misma persona. Cambió el contexto. ¿Cómo es posible que la misma persona luego de unas horas de vuelo sea leído de dos maneras diferentes? Fácil: la discriminación racial siempre está en los ojos del otro, de quien te ve. Para este hombre de Haití, cambió la mirada sobre él.

¿De qué otra forma podrías explicarte que, si me paro en un ambiente estilo Santa Fe sea criminalizado o visto con miedo por mi color de piel, pero a la semana siguiente vuele a una *premiere* en un festival de cine en Europa y me traten como rey? ¿Cambió mi color de piel? ¿Mi origen? ¿Mi forma de hablar? ¿O cambiaron los ojos que me veían? En un restaurante fresa en donde no me conocen, mi capa de opresión que es el color de piel pesa. Sin embargo, cuando viajo y me cubro con la capa de privilegio que es mi profesión en un contexto en el cual somos los protagonistas, entonces el color de piel pasa a segundo término.

A final de cuentas todas las luchas contra la discriminación son una misma lucha. La transfobia, clasismo, gordofobia, xenofobia, machismo, discriminación racial, etcétera, son producto de un mismo origen, que es la dominación de una cultura hegemónica, la blanca del Norte global, que respeta solo su religión, su versión de la ciencia y evolución, su escala de valores y tradiciones, y discrimina todo lo que no encaje ahí. El racismo, pues, es parte de un problema mayor que trata de aislar a «lo otro».

Yo de niño fui muy dulce, sensible. Soy el último de cuatro hijos de una familia amorosa, solidaria, con pocos problemas. Quizá sí con algunos obstáculos económicos, pero entre nosotros no nos peleábamos. Mis papás a lo mejor lo hacían, pero nunca en frente de nosotros. La vida en familia era armónica, no sé si funcional o disfuncional, dependerá de quien nos vea; pero tengo recuerdos de un grupo bastante chido y cariñoso. Esa vida hace que el carácter de un niño o niña sea más suave, como dije arriba, sensible, y, por eso, en mi calle me *bulleaban*. El hostigamiento era macizo, porque además de ser dulce y sensible, yo era grandote. Claro, a esa edad, todo mundo se quiere medir los tenis con el alto, porque así luego pueden presumir que "yo a ese perro me lo madreé" y crearse una cierta reputación. Por eso me querían madrear en cada oportunidad, cuan-

do me veían en la calle. Además de todo
lo anterior, era un niño justo y muy bonito
—porque también era un niño bonito—.

Pasé una infancia linda a pesar de todo,
con épocas buenas, pero con algunas muy malas, y cuando las malas aparecían era una
angustia escuchar a mi mamá o papá pedirme
que fuera a la tienda porque sabía que en el
camino de ida o de vuelta me podían madrear
o se iban a pasar de lanza de alguna forma.
Por eso, muchas temporadas de mi infancia
las pasé encerrado, viendo la tele. Sin embargo, al final, uno se cansa de ser el *bulleado*. Cualquier persona termina por hartarse
de tener que encerrarse en su casa por miedo
a que la golpeen y vas asomando la cabeza de a
poco. Así, con el tiempo, te vas haciendo
más duro y aprendes una serie de reglas no
escritas con las que te relacionas con otras
personas, aunque ni siquiera sean parte de
tu microuniverso. Aprendes que, así como a ti
te trataron y te daban tus chingadazos, a
pesar de ser parte de una familia amorosa,
a ti te toca hacerlo con otros y otras, a
quienes quizá también les cueste salir, pero
ya no es tu problema. Mis papás vienen de
contextos peores en términos de carencias
económicas, mucho peores, y fueron forjados
así, aunque rompieron con muchas dinámicas,
reprodujeron algunas otras. Esta situación
en la que no queda más y en donde tienes que

aguantar, es decir, en la que no se vale
llorar, no importa qué tan de la chingada
te esté yendo, te hace resiliente, pero también te insensibiliza. Porque así como tú
aguantaste el castigo y chingadazos y malos
tratos y no derramaste tus lágrimas, crees
que a otros les debe tocar, porque a esas
alturas no has conocido otro contexto, porque supones que así es la vida en general.

Cuando tenía cinco años empecé a jugar futbol americano y lo seguí haciendo durante
varios años de mi vida. Para ese entonces
yo estaba todavía más grandote, era mucho
más fuerte que mis vecinos. Recuerdo que una
vez, jugando luchitas en la calle cuando tenía yo unos 14 años, uno de los morros que
seguido me molestaba de niño y además era
mayor que yo se me acercó por la espalda, me
agarró del cuello y me empezó a golpear con
el puño cerrado en la cabeza. Para entonces
yo ya era más alto que ese güey, me llegaba
a la altura del hombro y además yo pesa-
ba unos diez kilos más que él. Como yo era
consciente ya de las diferencias, en cinco
segundos me lo quité de encima, me di la
vuelta y lo vi de frente, de alguna forma lo
levanté lo más alto que pude, como si fuera
un movimiento de lucha libre, y lo dejé caer
al concreto. O sea, lo azoté. A partir de
ese momento, él y los demás me dejaron de
chingar. Se dieron cuenta de que ya tenía

yo el tamaño y la fuerza para devolverles el cariñito, de que por fin ya no me daba miedo ponerles en la madre. En realidad sí me daba miedo, pero ellos no lo sabían y no tenían por qué saberlo. Uno se va endureciendo aunque no lo quiera.

El hecho de pensar «Yo aguanté y esto es lo normal, que te chinguen, para luego yo hacer lo mismo porque se trata de matarnos entre todos» es algo que llevas a tu vida. Luego, cuando convives con gente que experimentó otras realidades, digamos que más privilegiadas, esta termina percibiéndote como una persona ruda, grosera, tosca, con el potencial de lastimar. Pero es que no nos damos cuenta. Por mucho que nos lo digan, es imposible entenderlo porque pensamos que este endurecimiento de carácter es normal. Esto después conecta con un mundo machista y sus conductas, las cuales nos piden que eliminemos todo rastro de sensibilidad y vulnerabilidad, pues lo percibimos como debilidad, como algo delicado. Lo delicado y lo bello deben destruirse. Sucede así porque todo eso son atributos que, culturalmente, le damos a lo femenino. Somos violentos con lo femenino. No solo con las mujeres, sino contra los hombres que también puedan ser percibidos como femeninos. Estas condiciones en las que crecimos muchos, que suceden no por gusto ni por elección, sino porque es a donde nos va orillando el sistema, nos van poco a poco alienando del grupo social al que en realidad buscamos pertenecer y nos vuelve agresivos con el que ya pertenecemos.

Cuando yo estaba en la prepa y tenía unos
16 o 17 años, fui a una fiesta en el barrio
de al lado con un compa. Este amigo no era
uno de estos tipos duros de barrio, sino que,
al contrario, era un tipo sensible, lindo, chido, también enorme, amoroso, tierno.
Cuando salimos de la fiesta, unos cabrones
nos emboscaron por gusto, sin motivo real,
sin que hubiéramos hecho algo a alguien. Les
dio por hacerlo porque sabían que este amigo
no era como ellos. Mi amigo estuvo en coma
dos meses en el hospital porque le brincaron en la cabeza. Se subieron a la banqueta
y brincaron encima de su cabeza. Le dejaron
caer piedras y cuando tronó el cráneo —que
se oyó como si se hubiera roto un coco—, le
dejaron de pegar. Todo pasó en apenas unos
segundos, pero en ese momento, otro amigo y
yo reaccionamos y nos metimos a la fuerza,
porque nos habían aislado, amenazándonos con
una botella rota un tipo, con una varilla
otro. Cuando escuché que tronó su cabeza, se
me olvidó todo, me metí sin que me importa-
ra que me podía pasar lo mismo, yo me metí
a proteger a mi cuate. Sin embargo, ya era
tarde. Ya estaba madreado.

Todo esto porque él no era un «machín de barrio».
Porque no era rudo, violento, insensible, porque él tenía
los atributos de lo que llamamos femenino. Porque esta
es la manera de tratar a todo lo que se percibe como

débil y despreciarlo. Por eso, cuando muchos hombres están frente a una mujer que no tiene los mismos «rasgos masculinos», se creen con el derecho de pasarles por encima. En el barrio, la mayoría de la gente nunca tendrá tiempo de cuestionárselo porque están demasiado ocupados tratando de poner comida en la mesa.

Yo tuve la oportunidad de cambiar. Ahora me dedico a algo que me da tiempo libre y me da recursos económicos como para cuestionarme, para reflexionar, para entender que el racismo, el machismo y la discriminación que implican habían creado rasgos que debemos borrar: que debemos querernos y no chingarnos. Lo cierto es que yo fui de los pocos de mi calle que pudo hacerlo porque algunos, lo más malandros, terminaron en la cárcel; los demás terminaron ganándose la vida lo mejor que pudieron por el rumbo. Muchos o todos seguimos ejerciendo violencia en mayor o menor medida. Algunos de ellos, por ejemplo, formaron parte de los grupos de choque de las organizaciones de taxis y de combis del Estado de México, que son mafias peligrosas, controladas por políticos del Estado. Y todos ellos y quienes los rodean viven para joder a quien amenace su territorio.

Es así como podemos entender la historia de estos niños que sintieron la necesidad de hacer menos a la señora indígena que pasaba por su colonia para recoger cartón. Podemos tomar de esta historia el ejemplo de cómo vamos reproduciendo esquemas porque nadie se quiere parecer al oprimido, al otro, al inferior. ¿Por qué chingamos a la señora y fuimos crueles con ella? Porque nadie quiere ser ella. Nos da miedo ser ella. También podemos

73

entender la historia de mi amigo que, por no adherirse a los estándares de masculinidad, terminó en el hospital. Es el mismo miedo a no querer parecerse o ser una persona oprimida. Estamos programados para parecernos al opresor, para blanquearnos, para hacer como que nuestras opresiones no existen, porque queremos una vida blanca libre de estigmatizaciones, de ser criminalizado. Buscamos un mundo en el que no tengamos que hacer el triple de esfuerzo para que me reconozcan mis capacidades y me den un buen trabajo o para ser tomado en cuenta. **Sin embargo, no elegimos derribar las discriminaciones, sino parecernos a quien nos oprime, a quien nació sin capas de opresión, porque ese es el ideal del buen vivir, de la aspiración.**

3
MÉXICO Y EL MITO DEL MESTIZAJE

Una de las escenas más bellas en el cine se encuentra en una de las versiones de *El planeta de los simios,* de Rupert Wyatt, de 2011. En una secuencia de la película, el guardia de una clínica veterinaria encuentra a César, el simio protagonista, fuera de la jaula en la que lo tenían confinado. Este chimpancé, que origina el desarrollo de su especie y echa a andar la saga, ha vivido como si fuera humano durante toda su vida, sintiéndose uno más, aunque como parte de un experimento de su dueño. Este guardia lo encuentra en medio de un espacio rodeado de jaulas, en donde hay muchos otros simios, y lo encara, le grita y lo reprime por estar afuera y no en una jaula, en donde le corresponde. En unos segundos, el humano comienza a agredirlo con un bastón de choques eléctricos, bajo la mirada y reacción a gritos de los otros simios. César no se defiende, primero solo esquiva los ataques que puede, pero luego detiene uno de los golpes y le sujeta el brazo al guardia, que le dice: «¡Quítame tu pata de encima, chango sucio!». En ese mismo segundo, César se yergue y dice «¡NO!». Es la primera palabra que logra articular en su vida, luego de los años de entrenamiento y experimentación, de no saber cuál es su identidad, si la de simio o humano. «No», dice tajante, con una mirada que lo separa de todo lo demás, le arrebata la macana eléctrica al guardia y le da en la cara. Decir «no» fue lo que, en ese momento, le dio poder porque, con esa palabra, negó lo que no era. No había entendido todavía quién se supone que debía ser, en qué se había convertido, pero sin duda sabía lo que *no* era. Rechazó algo (a alguien) que él entendió como «lo otro». Para mí, el «¡NO!» de César es una de las líneas más importantes en la historia del cine y muchos la han pasado por alto.

Lo primero que hacemos todos durante la adolescencia, cuando estamos formando nuestra identidad como personas, es rechazar lo que no somos. Antes de saber quiénes somos, empezamos a descartar lo que no queremos ser. Por eso el rechazo a los padres, porque son los primeros de quienes nos separamos. No sé quién chingados soy, pero no soy ellos. No soy mis papás, ni mis hermanos, ni ciertos amigos.

Cuando nos dicen que somos un poquito de una cosa y un poquito de otra, que somos una mezcla, se vuelve difícil entender quiénes somos. Si para definir nuestra identidad como personas primero rechazamos lo que no somos o queremos ser, en el caso nuestro como mexicanos, ¿qué es lo que hemos rechazado? ¿Qué rechazaron nuestros antepasados hace cientos de años? ¿Qué quedó fuera a la hora de, como dicen, mezclarnos? ¿Qué dejamos fuera al definir lo mexicano?

La idea del mestizaje no es una herramienta para librarnos del problema del racismo en el país, sino todo lo contrario. El mestizaje es, ante todo, un mito. Uno muy nocivo además. Una de las voces más fuertes del mestizaje fue José Vasconcelos, quien promovió fervientemente un proyecto para integrar a toda la nación (por cierto, simpatizante y partícipe de las ideas nazis). En aquel entonces, veníamos de una revolución que nos había diezmado como país, que nos había dejado rotos, separados y, por ende, débiles o vulnerables, en especial ante Estados Unidos, siempre hambriento de recursos y territorios. Era necesario eliminar las diferencias. Qué mejor manera de hacerlo que inventarse el concepto de la «raza cósmica», que es el título de un ensayo que publicó Vasconcelos en 1925, en donde dice que somos una quinta raza, que somos una mezcla de todas las demás. Por supuesto que esto suena, de primeras, como algo bonito, a huevo que sí. Sin embargo, lo que no tomó en cuenta es que, al mezclar a todos en un mismo recipiente, se borraron las identidades en beneficio de una idea: mejorar la raza. ¿De dónde sacó estas ideas? Juntarnos a todos implica borrar lenguas, rostros, culturas: negarlas. Formar parte de una raza cósmica significa despellejarte, arrancarte la piel, los brazos, las piernas, el rostro y el corazón verdaderos para armarte de otra manera y llamarte «mestizo».

Por lo tanto, según él, en México todos somos iguales porque todos somos mestizos. ¿Qué es mestizo? La combinación entre indígena y blanco. Por cierto, esto sin importar el origen de cada pueblo indígena, pues de inicio también debían meterse todos ellos a un mismo saco, ya fueran mayas, zapotecos o mixtecos. Aunque seguro tu primera reacción al leer esto es pensar que proclamar a todos «iguales» es algo bueno, no es así. El problema con el mestizaje de Vasconcelos es que tiende a la europeización. Te lo explico: si el mestizaje significara que dos culturas «se funden en un abrazo», entonces los europeos estarían usando tocados de plumas y taparrabos; es decir, habríamos visto hace cientos de años, en las calles de Madrid, a mujeres y hombres usando los huaraches de moda, o quizá a los señoritos sevillanos vistiéndose con un quexquémitl y no a los mirreyes de Polanco copiándoles el estilo. Si el mestizaje hubiera sido todo eso, no estaríamos hablando el idioma y practicando la religión que nos impusieron, ni participando de sus usos y costumbres para poder pertenecer o acercarnos al ideal europeo.

El problema con el mestizaje es que no estamos hablando de una mezcla, sino de un proceso de asimilación cultural, que no es otra cosa que borrar el conjunto de identidades de una persona, tanto lingüística como cultural (cómo te vistes, qué comes, a dónde vas, el tipo de conocimientos que tienen valor, qué trabajos deberás realizar) para ser considerada una persona funcional. Por supuesto, en la medida en que más pertenezcas a esta marca mestiza, más privilegios y derechos irás adquiriendo.

Si crees que lo que digo es cosa mía o interpretación de mi parte, pues no. El mismo Vasconcelos, en su proyecto de mestizaje, dijo que «deberíamos tender a lo europeo», a la identidad blanca. Con esto no solo hago referencia a la apariencia física, es decir, buscar parejas blancas o decolorarnos la piel, sino a un blanqueamiento de la mente y del corazón al someternos a los sistemas de validación occidentales, que tienen que ver mucho con el estatus socioeconómico y no con otra cosa.

Algo que se me hace bastante irónico es que es precisamente la gente más blanca en México la que defiende con los dientes el concepto del mestizaje. Por supuesto, como en este mito se aspira a la blancura de mente y de modos, es mucho más conveniente para ellos hablar de y defender la idea del mexicano mestizo. Si son tan mestizos, ¿por qué no aspiran a los rasgos culturales de la gente prieta?

Lo peor de todo es que, incluso cuando quienes hemos tenido que asimilar esta idea lo hemos más o menos conseguido luego de varias generaciones, seguimos sin ser parte de la identidad blanca, de su grupo dominante. ¿Por qué? ¡Muchos ya vivimos con sus valores y ganamos dinero, tenemos casa y trabajos honestos! ¡Algunos tenemos cuentas de banco y coche propio! ¡Nos asimilamos! ¡Subimos de clase! Si de verdad somos «un país clasista y no racista» como todos dicen y, en teoría, quienes superen la barrera de la clase socioeconómica debieran dejar atrás la discriminación porque ya ascendieron de clase, ¿por qué siguen marcándose una serie de barreras que van más allá de la clase?

A final de cuentas, todos saben quiénes son los otros: el blanco europeo o el blanco gringo o inglés, o el negro en Estados Unidos, o el indígena en México. Sin embargo, no sabemos quiénes somos nosotros. Sabemos, más bien, a quién nos queremos parecer y de quiénes nos queremos alejar, y por lo tanto quedamos flotando en el mito del mestizaje que nos coloca en medio, con miedo de unos (los prietos) y anhelando acercarnos a los otros (los blancos).

Uno de los problemas —y pruebas— de lo que acabo de decir es cómo los encargados de escribir nuestra historia se han propuesto alejarnos de una imagen para mestizarnos con otra a través de nuestras figuras patrias. Si te pido que cierres los ojos e imagines a Miguel Hidalgo y Costilla, de seguro te vendrán a la mente un montón de imágenes de estampitas de la escuela, murales, pinturas, estatuas y su cara en pendones y carteles en todas las ciudades del país, sobre todo en el mes de septiembre. Lo que seguro imaginaste es a un señor semicalvo, con pelo blanco y algo largo cayéndole a los lados y de piel muy clara, con rasgos masculinos, pero también más o menos «finos». Quizá no todas las pinturas e ilustraciones sean idénticas, pero utilizan esos mismos rasgos.

Sin embargo, ese perfil no es el del verdadero Miguel Hidalgo, sino que es un modelo —que ni siquiera era mexicano—, amigo de Maximiliano de Habsburgo, que sirvió para una pintura con la que se celebró la Independencia de México en 1865, más de 50 años después de su fallecimiento. Lo peor de todo es que el modelo ni siquiera era demasiado parecido a la persona real, pues existe una escultura de poco más de 30 centímetros de alto que es la única representación del cura en vida. El trabajo lo hizo un amigo de Hidalgo. Esa figurita muestra a un Miguel Hidalgo negro (o al menos igual de moreno que yo), con otros rasgos, estos sí, congruentes con su origen. ¿Por qué es blanco en el imaginario social? Porque un europeo le pidió a un amigo extranjero que posara y que fuera la imagen de un personaje que debiera representar a México y su gente con todas sus letras. Porque el ideal no era ni es el indígena, sino el blanco.

¿O qué tal el caso de Benito Juárez? Aunque todos hemos aprendido que era de origen indígena, desde las primeras pinturas que se han visto de él hasta la imagen más actual de los billetes, ha habido un esfuerzo por borrarle los rasgos indígenas. Es decir, si bien no lo han blanqueado del todo ni lo han pintado como un hombre blanco al cien porque sería chocante con la idea del presidente de origen indígena, su imagen, la que de seguro también recuerdas, es bastante diferente a la de las fotografías que todavía existen de él. Es decir, no hay tanto problema con recordarlo como indígena, pero que sea «poquito», que sea blanqueadito y no como de hecho se veía, porque, claro, ¿cómo chingados vamos a celebrar a una persona cien por ciento indígena?

No nos detuvimos ahí. A Vicente Guerrero y José María Morelos y Pavón les han hecho lo mismo: los clarearon. Los dos primeros presidentes de la República mexicana eran negros, eran afrodescendientes. Al primero lo habrás visto con unas greñas despeinadas y hacia arriba, cuando en realidad era un afro. Lo has visto con rasgos blanqueados y la piel clara. No se veía así. Falta poco, quizá algunos años, para que termine de ojos azules y pelirrojo, porque es cierto que con el tiempo le han ido «afilando» la nariz para alejarlo de sus raíces cuando ¡su nariz era ancha! ¡Lo mismo sus labios!

Estos personajes, para ser mejor aceptados por los mexicanos, fueros mestizados luego de haber fallecido. Les pasaron el filtro blanco para que, si bien no quedaran güeros al cien, al menos sí fueran un reflejo de lo que se esperaba del mestizaje: el blanqueamiento de los indígenas luego de la Conquista.

Yo he tenido discusiones larguísimas con gente prieta para simplemente entender quiénes somos. Nosotros mismos, que nos sabemos prietos y le entramos de frente al tema, tenemos que hablarlo porque a veces no nos queda claro. ¿En dónde termina lo blanco y empieza lo prieto? Algunos, en estas charlas, han dicho: «Bueno, es que yo no soy tan moreno, pero tampoco blanco». «Yo tengo dinero, pero soy moreno». Ni el primero ni el segundo son parte del grupo dominante. ¿Qué les falta? ¿Qué les sobra? Como ves, es un motivo de discusión y que debe analizarse. Un día, en medio de estos grupos de discusión y entre definiciones y clasificación de rasgos, sin que diéramos con una respuesta que nos tuviera contentos, mi amiga Maya Zapata nos dio la mejor respuesta a partir de una pregunta que nos hizo: «¿Te identificas con la blanquitud?».

4
¿QUÉ ES Y CÓMO BUSCAMOS ASIMILARNOS A LA BLANQUITUD?

Yo hago películas en Hollywood, estudié una carrera universitaria y pertenezco, según mis ingresos, a los indicadores que me ubican en la clase media alta; sin embargo, nunca voy a formar parte de la élite cultural de mi país. Todos estos que acabo de mencionar son códigos que deberían validarme como un individuo que se acerca lo suficiente a la idea de blanquitud, pero no han sido suficientes. ¿Por qué? Además de que soy prieto, también es porque no fui a sus colegios, no tengo sus apellidos, porque no visito ni frecuento los mismos lugares, no tenemos los mismos amigos, no hablamos igual, porque no viví una temporada en el extranjero; yo no fui partícipe de todas las cosas que identifican a la élite cultural de México. ¡Yo me subí por primera vez a un avión a los 27 años! Fue la misma vez que salí por primera vez del país gracias a una película que rodé.

Aunque en el pasado sí lo busqué y con muchas ganas, hoy, a mis 41 años, por fin me he dado cuenta de que no necesito su validación. Ahora bien, por supuesto que sigo siendo una persona disfuncional, con inseguridades y necesidades; es decir, también en búsqueda de aprobación. Sin embargo, busco la aprobación de mis padres, de personas inteligentes y chingonas. Busco la aprobación de mis amigas periodistas, de mis compañeros actores de Poder Prieto. Me interesa la aprobación y la amistad de gente como Natalia Lafourcade, a quien admiro y quiero mucho; por lo tanto me importa su opinión. Busco la aprobación de Carlos Torres Torrija, pero no por blanco, sino porque es mi mentor. ¿Qué es entonces la validación que nos han enseñado a buscar? ¿Qué es esto de asimilarnos? Antes de hablar de validación, es necesario que defina qué es la blanquitud.

En México, la blanquitud no siempre es sinónimo de piel blanca. Como dije, no vivimos un racismo polarizante, es decir, blanco y negro. La blanquitud, aunque sin duda abarca lo claro u oscuro de la piel de una persona, tiene que ver más bien con la mente, con la forma en la que leemos el mundo. A grandes rasgos, se refiere a los usos y costumbres, sistemas de afirmación y validación, personales y colectivos, que son meramente occidentales. Aquí entra el valor de la acumulación de riqueza como símbolo de estatus en contraposición del servicio a la comunidad o capacidad de proveer a la comunidad. También podemos verlo como el servir contra ser servido.

Colectividad contra individualidad. En este mundo, sobre todo en Occidente, el individualismo se considera el valor más elevado como persona, no el comunitarismo. De la idea de la acumulación de capital sale la de acumular mujeres, por ejemplo, o a cuántas personas domina un individuo o cuánto poder tiene sobre otras, y de ahí la idea de los reyes mandando y explotando a los pueblos, los esclavistas estadounidenses, los europeos conquistando y dominando pueblos en América, el patrón midiendo el tamaño de su empresa por la cantidad de trabajadores o incluso el porcentaje del mercado del que se ha hecho dueño. La dominación individual es uno de los pilares de la blanquitud. Siempre será más importante un patrón que un obrero.

La blanquitud tiene también mucho que ver con mostrar superioridad por encima de los demás, y, para esto, además de las posesiones de objetos o personas, está la ropa que se usa (¿qué nos dice de la persona?), o bien los lugares que se frecuentan y su nivel de exclusividad, los productos que se consumen, las personas con quien el individuo se relacione, tanto en el plano romántico como profesional y afectivo (¿no se casaban antes solo entre nobles en Europa o después entre millonarios en las familias de México?).

Si la blanquitud parte del culto al individuo y de lo que refleja o de cómo se ve o cómo se debería ver toda persona digna de pertenecer a la élite y si el origen de esta forma de pensar viene de la gente blanca, o sea, del Norte global, todo aquello que no se parezca —todo lo que sea «el otro»— deberá excluirse, reducirse, humillarse, recluirse lejos del paraíso blanco. ¿Y qué pasa si alguien quiere pertenecer a ellos sin que le haya tocado de nacimiento? Esta persona deberá blanquearse lo más posible y, aunque su piel nunca cambie de color, al menos podrá hacerlo mediante sus usos y costumbres.

Por lo tanto, ¿se puede ser moreno y formar parte de la blanquitud? ¡Por supuesto! Podemos haber nacido prietos, pero en la medida en que nos acerquemos a este ideal de acumulación y ostentación de poder, de personas y objetos, iremos incrementando nuestro supuesto valor en la sociedad. Sumamos puntos al palomear elementos en una lista: dinero, ropa acorde con las marcas y tendencias que nos hayan dictado, ciertos modelos de coche, llevar una empresa y mandar sobre otras personas, hacernos de una pareja de una belleza hegemónica (por lo general blanca; yo llegué a fetichizar la piel clara porque, a final de cuentas, crecí en el mismo sistema), hablar inglés. Por todo esto es que el racismo nos compete a todos y lo ejercemos todos. El racismo lo practican los opresores y los oprimidos. Todos aquellos que están en un proceso de blanqueamiento mental no solo se ocupan de lograrlo, sino también de separarse de y excluir a quienes, a diferencia de ellos, siguen identificándose con sus valores y con la identidad con la que nacieron. **Todos los requisitos para pertenecer a la élite blanca empatan con los del patriarcado y a su vez con los del capitalismo. Por eso es la clase dominante la que sigue estando a la cabeza de ambos sistemas, además de, claro, el racismo.**

¿Es posible ser de piel blanca y quedar excluido de la clase dominante? Sí. Una persona blanca que por diferentes motivos se encuentre lejos de este ideal que le otorga estatus al individuo podría, sin duda alguna, quedar relegado de la clase dominante. Es como ser un blanco prieto. Esa es, por ejemplo, una de las diferencias que tenemos con Estados Unidos, el lugar de donde más absorbemos ideas sobre el racismo. Allá, una persona empobrecida, que se encuentre en los escalones más bajos del capitalismo feroz estadounidense, suele aferrarse a su color de piel para saber que, aunque se encuentre en la peor de las situaciones, «por lo menos» no es negro, así que es capaz de sentirse por encima de cualquier persona no blanca. Aquí no. Una persona de piel clara podría ser tratada de mala manera, injusta incluso, si no se ha asimilado a los códigos de la blanquitud. Pero también es cierto que podría disimular y evitar la discriminación con más facilidad gracias al *white passing*.

No cambiamos en un solo aspecto: es todo un proceso. Cambiamos la forma de vestir y eso también es blanquearse, porque nos alejamos del origen para buscar un ideal de aceptación. Ahora, esto tiene poco que ver con el precio de la ropa. La gente de todo nivel socioeconómico hemos buscado la fuente de la blanquitud con la ropa, pero no siempre nos alcanza. Sin embargo, aunque con menor calidad, los estilos y las modas pueden replicarse. Basta darse una vuelta a las calles y echarle un ojo a la mercancía de los puesteros con bolsas, cintos y camisas de imitación, todo de marcas representativas de la clase cultural dominante. Por supuesto, quien gane más dinero, podría dejar las imitaciones para comprar marcas originales —aunque no tan caras— pertenecientes al universo blanco. ¿Te has preguntado qué buscamos con estas compras? Podríamos engañarnos y decir que, cuando dejamos de comprar en los puestos y pasamos al centro comercial, es porque buscamos ropa de más calidad, que dure más, pero no es cierto: buscamos estatus. Por eso corremos a comprar marcas culeras como Zara, de malísima calidad y que se rompe al tercer día —hecha con mano de obra esclava, pero no me meteré en eso—, pero que al menos en apariencia nos da el estatus de cumplir con el estilo y las tendencias de la cultura dominante. Lo cierto es que es un disfraz de mirrey, que es una versión del señorito sevillano.

Si me has escuchado hablar en películas, charlas o entrevistas, sabes que hablo con un acento neutro chilango, que se parece más al fresa que al ñero, pero sin duda ya sin la papa en la boca. En la Ciudad de México predominan tres acentos: el fresa, el ñero y el neutro. El fresa incluye muchas variantes y sutilezas. No es lo mismo un fresa aspiracionista que un fresa de hijo de inmigrantes argentinos. Son diferentes tipos, pero ambos son fresas a final de cuentas. Sin embargo, como te conté en las primeras páginas, cuando llegué a la industria del cine, según yo hablaba el acento neutral, pero me di cuenta de que todo el mundo hablaba alguna de las variantes del fresa y terminaban sus oraciones con un "¿Sabes?" o un "Sí, güeh". Entendí que en realidad mi acento no era el neutro, sino el ñero. Eso me quedó todavía más claro después de estar un tiempo sin regresar a mi barrio, cuando noté que mis compas, que hablaban según yo más neutro (como yo cuando comencé a actuar), tenían un acento ñero muy marcado. Me di cuenta también de lo mucho que me había asimilado.

No sé si ellos se dieron cuenta, pero cuando eso sucedía, que volvía a mi barrio y no sonaba como antes, como ellos en ese momento, me concentraba un poquito y bastaban cinco minutos con ellos para volver a tomar ese acento que era el ñero para todos, el normal o neutro para mí. Luego, cuando regresaba al mundo del cine y de los actores y actrices, otra vez debía quitarme de encima el acento de barrio para no perder la poca validación que me había ganado de parte de la blanquitud. Como ese era mi trabajo, de ahí comía y, además, había crecido como todos con las ansias inconscientes de mestizarme, integrarme y blanquearme socialmente, decidí borrar esa parte de mí para pertenecer, ser aceptado, respetado, pero también para que no siempre me dieran el mismo personaje de relleno en las producciones. Cambié el acento, pero también otras cosas, como mi forma de moverme, de caminar.

También tuve que cambiar mi manera de vestir. Durante mi proceso de blanqueamiento profesional, tuve que ir buscando ropa que se pareciera más a la de mis colegas blancos. En mis inicios en el mundo profesional, es decir, recién graduado de la UNAM, mi mundo era otro. Yo venía de la cultura de la huelga de 1999. Éramos los pandrosos, un término que al menos en la Ciudad de México se usaba mucho para definir a quienes nos vestíamos fuera de los cánones de la moda o tendencias de la blanquitud en ese momento, y que para ellos era sinónimo de sucio, malvestido, andrajoso. Éramos una tribu urbana. Llevábamos los pantalones cargo rotos de la parte de abajo, con tenis Panam o sus equivalentes, playeras de ciertos colores, con un Che Guevara enorme o cualquier cosa que representara Latinoamérica o sus valores y no lo estadounidense o anglosajón. Lo irónico es que esta manera de vestir, por ejemplo, viene de los grupos dominantes, de las clases medias, pero 10 años antes. No la imagen del Che, pero sí el tipo de pantalones, por ejemplo. Las clases bajas queremos imitar a las altas, pero siempre vamos 10 años atrasados.

Yo tuve que empezar a vestir diferente. Cambié a pantalones menos bombachos y menos colgados, a los que mi hermano les llamaba "aguanta cacas". Me los subí y ya no me quedaban a media nalga. Por supuesto, no podía comprar las mismas marcas que veía en la blanquitud porque no me alcanzaba, pero sí podía más o menos llegarle a ese estilo de ropa, aunque fuera de menor calidad. Al menos así podría sentirme parte de esa faceta de mi vida.

No dejé de interesarme por la validación de la blanquitud así de pronto, sino más bien fue algo gradual; ningún cambio es repentino. Recuerdo cuando me gané el Ariel: en cuanto lo tuve en la mano mi papá me lo quitó, lo agarró feliz y lleno de orgullo; desde entonces no lo he vuelto a tener en mi poder. Lo he tocado unas tres veces nada más porque mi papá me lo robó y lo tiene en su casa. Cuando me gané ese reconocimiento por mi trabajo, por mi actuación, me di cuenta de que ya no necesitaba la aprobación y validación de mi papá, porque ese premio me las había dado ya de por vida (al menos por mi trabajo), pero también me di cuenta de que ya no necesitaba la aprobación de mi gremio porque ya la tenía. Así que, una vez que la obtuve, dejó de tener sentido. Así como lo hice, todos practicamos este blanqueamiento cultural porque nos valida.

Por supuesto, esto no quiere decir que si tenemos el dinero para gastar en lo que queramos no debamos comprar cosas «bonitas» o de calidad. No va por ahí. ¡A todos nos gustan! Por ejemplo, hace poco me compré un tocadiscos portátil. Lo hice porque me gusta, quizá por mamón, por lo que sea, pero no porque quisiera validarme ante la blanquitud.

Cuando vayas al centro comercial pregúntate: ¿estoy comprando estatus o comodidad? ¿Si gano más dinero quiere decir que ya tengo la manera de asimilarme a los usos y costumbres del grupo dominante? Yo siempre uso el ejemplo de la gente que tiene su negocio en la Central de Abastos en la Ciudad de México (o en cualquier ciudad con su equivalente), o en Tepito o en San Cosme o en la San Felipe. Esa gente tiene muchísimo, un chingo de dinero. Sin embargo, no se asimilan a los usos y costumbres de la blanquitud, a pesar de que manejan carros de lujo, se visten con ropa de marca, etcétera. Por lo general, no buscan infiltrarse en los espacios físicos y culturales del grupo dominante. El motivo de sus compras no es el de la asimilación o la integración. No cambian ni su música, ni su comida, ni los lugares a donde van a pasar el fin de semana.

Los graciosos son quienes sí dejaron de pertenecer a la clase social en donde nacieron, quienes reniegan de ella, toman como una ofensa el hecho de que alguien más con la posibilidad de hacer lo mismo no lo haga. Hace poco, un reconocido guionista y novelista mexicano me dijo que yo era un «traidor a mi nueva clase social». Como él y yo venimos de lugares similares, este cuate esperaba que yo, como él, gracias a que ahora gano más lana y he logrado el estatus que me da mi trabajo, me asimilara a mi nueva clase social, al grupo dominante y mandara a volar mis orígenes, que los desconociera, que volteara hacia atrás (o hacia abajo) y les dijera: «¡Adiós, pinches jodidos, el pobre es pobre porque quiere!». Sigo preguntándome qué esperaba esta persona de mí. Como él sí cedió, quería que yo cediera igual. Quería que me asimilara como él lo hizo. Más bien, así como los comerciantes de Tepito que ganan mucho dinero (varias veces más que yo), el que yo haya mejorado mi capacidad económica no quiere decir que vaya a olvidarme de los usos y costumbres de la clase media baja, de la clase obrera, de donde soy: me sigo identificando con esos valores. Sigo participando de sus usos y costumbres. Sigo sintiéndome parte de este grupo. Como los puesteros que llevan años ganando un chingo de dinero y tienen más poder adquisitivo que mucha gente blanca, pero que siguen yendo al toquín de barrio o curándose la cruda con la barbacha de la esquina. ¿O porque gano más ya no puedo sentarme a comer cinco tacos por 15 pesos? ¿Ya no puedo irme de fiesta a Prados, en Coacalco?

LA MOVILIDAD SOCIAL COMO CAMINO A LA BLANQUITUD

Como nuestro racismo es integracionista y lo que nos diferencia a estadounidenses de mexicanos es que nosotros podemos, hasta cierto punto, aspirar al blanqueamiento social, es común que este deseo de integrarnos genere problemas desde abajo, en donde todos nos discriminamos y nos damos de madrazos, literal y metafóricamente, por ascender. Claro, a la gente que está arriba le conviene que queramos ser como ellos, que los idolatremos y odiemos al mismo tiempo, pero que no los toquemos y la lucha por asimilarnos sea entre nosotros.

A mis papás les vendieron la idea del *boom* económico de los años setenta en México. Ellos, como otros, que eran hijos de obreros, de empleados, se habían convertido en profesionistas a pesar de sus orígenes humildes. Se habían hecho por sí mismos. Empezaron a formar colonias o llegar a vivir a ciertas colonias con la etiqueta de otro estatus social, que era el de la clase media o la incipiente clase media. Era, por supuesto y siendo congruentes con lo que aprendimos como mexicanos, motivo de orgullo irse alejando de sus pasados. Sin embargo, la crisis económica y los malos manejos del gobierno terminaron dándoles en la madre. Se perdió aquel poder económico en el que habían creído para escalar en lo que ellos veían meramente como una escalera social, sin darse cuenta de que había mucho de racismo sistémico en esas ansias de subir. Cuando pasó eso, la generación de mi hermano mayor, que ahora tiene 54 años, empezó a vivir de prestado para mantener el nivel de vida al que ya se habían acostumbrado. Nuestros papás ya nos habían acercado un poquito al blanqueamiento social y para los contemporáneos de mi hermano esta condición peligraba.

Después, la generación de mi hermana, que es tres años menor que él, además de vivir de prestado, también empezó a chingarle y buscar múltiples trabajos y otras formas de mantener la ilusión de blanquitud, de integración. Para su generación, chingarle significó integrarse, pero a la informalidad. Es decir, a vender en el mercado, algo que además era mal visto en mi colonia porque muchos venían de ahí, ¡ya lo habían dejado! Era una tragedia ver que una persona de pronto volviera a la informalidad. Era común escuchar a la gente decir: «¿Qué es eso? Solamente los nacos venden en el mercado».

La generación de mi otra hermana, que es tres años más joven todavía que la otra y seis menor que mi hermano mayor, empezó a trabajar de lo que fuera. Las exigencias de la movilidad social estaban empujando a la gente a un estilo de vida falso, a comprar los mismos productos que la blanquitud —aunque fueran versiones más baratas—, a endeudarse para no volver de ninguna manera a los orígenes.

Mi generación también entendió lo clasemediero, la blanquitud, lo *cool,* como lo que había que lograr, que en ese entonces era, por ejemplo, algo como ir a Plaza Satélite. Yo jugué futbol americano toda mi vida: jugaba en Lomas Verdes y en los años ochenta nos vendieron la idea de que Satélite era gringolandia, un pedacito de Estados Unidos en nuestra propia ciudad. Aquel era el primer suburbio al estilo gringo que se construía en México y quizá de los primeros en América Latina. Plaza Satélite era un *mall* gringo, más chingón todavía que Perisur, que había sido el mero mero, el primerito. Pero este le ganó y, además, la clase media sateluca y de Lomas Verdes y todo este desarrollo que se hizo en el Estado de México —en el que se supone que iba a estar incluido Coacalco— nos llenó la cabeza de humo.

Esto era también parte del mito que les vendieron a mis papás y a mis hermanos mayores. El problema fue que a mí, como el menor de la camada, me tocaron las famosas crisis económicas más recientes. Me tocó ver cómo, en primer año de secundaria, el pasaje mínimo para ir en la combi en el Estado de México costaba, si mal no recuerdo, 500 viejos pesos, el equivalente ahora a 50 centavos. Al terminar la secundaria, tres años después, ya costaba 2500 o 3000 viejos pesos. Esa es la generación en la que a mí me tocó vivir. Todavía en la primaria me tocó un poquito de la bonanza que arrastraban mis papás, porque mi papá, siendo obrero y con tres hijos, pudo graduarse del Instituto Politécnico Nacional, de la carrera de ingeniero, y vivió su aspiración cuando una de las claves para pertenecer a la clase media de los años setenta y ochenta en México era tener un título universitario. Si querías formar parte de este nuevo grupo aspiracionista y acomodado, debías, casi de forma obligatoria, olvidarte y dejar atrás todo lo que te conectaba con el origen de la pobreza. La pobreza era vergonzosa por todo lo que representaba y lo que decía de uno. Así que había que dejar las costumbres, los lugares en los que habitaste, las dinámicas familiares, las dinámicas sociales como los toquines callejeros y las verbenas populares. Ni se diga eso de comprar y vender en la calle. En la colonia, era mal visto si vendías en la calle. Ya no se veía con buenos ojos a quien se mantuviera con un puestito en el mercado. ¡¿Cómo?!

En la nueva clase media mexicana todos eran profesionistas, ingenieros, abogados, arquitectos, dentistas, empleados bancarios, contadores. Aquella nueva camada de jóvenes, como mis papás, recibió su crédito en el Infonavit y con eso les alcanzaba para una casota de dos pisos, por ejemplo, y no las casas que ahora dan. De hecho, mi casa era bastante amplia y de dos pisos, algo que hoy suena a millonario si vives en la Ciudad de México.

Los de mi generación nos volvimos narcos y secuestradores. De nuevo, todo para mantener el nivel económico y el estilo de vida porque nos habían dicho que aquí todos somos iguales y que quien no tiene un cierto estatus es porque no quiere; porque somos mestizos: somos del mismo lugar. La única diferencia es el esfuerzo, que se ve reflejado en la clase. Si uno no se aleja de la pobreza y de su pasado indígena es porque no quiere. Es eso. Lo raro es que yo no vengo de la carencia. Nunca tuve lujos, pero tampoco necesidades. Viví bien con lo justo. Entonces, si ni yo ni muchos de mis compas del barrio veníamos de la marginalidad, ¿por qué se metieron de narcos los cabrones, si algunos de ellos, aun con todas las crisis económicas, tuvieron una mejor calidad de vida?

Mis compas que se volvieron narcos eran clasemedieros. Muchos creen que el narco solo recluta a personas que viven en pobreza extrema, pero no es así; eso es lo raro y lo que debería llamarnos la atención. ¿Por qué, si en teoría tienen algunos privilegios y formas de vivir de manera honesta? De los amigos de mi barrio que terminaron en el crimen, algunos no pasaron de un cierto nivel, otros lo terminaron dejando y unos más terminaron en la política. No es broma.

Un grupo de estos amigos clasemedieros que aspiraban a integrarse, cuando estudiábamos en la prepa, secuestraron a un señor. Se subieron a su coche y lo estuvieron paseando por toda la colonia con una pistola en la cabeza. Un buen rato después, ya no sabían qué hacer con él, si asesinarlo e irlo a tirar al río de los Remedios o nomás dejarlo ir. Decidieron dejarlo ir. Al poco tiempo los arrestaron. Uno de ellos se echó la culpa y lo encarcelaron unos años por secuestro, pero como era menor de edad, le dieron una sentencia reducida. Los otros que estuvieron metidos con él terminaron de regidores del PAN. Eran regidores del municipio y terminaron trabajando ahí mismo, luego en el PRI, que son los dos partidos que habían gobernado el municipio de Coacalco. Ahora son los «respetables» de mi colonia. Detrás de su intento dentro del crimen no hubo otra motivación que la de integrarse a un estilo de vida. El motivo por el que el crimen organizado toma gente de todos los estratos sociales tiene que ver con la movilidad o la aspiración al blanqueamiento social, pero también con la rapidez con la que el crimen permite reunir elementos de validación. Esto es obvio porque sería casi imposible que una persona prieta logre blanquearse por las vías tradicionales. Si yo lo pude hacer fue por un camino, digamos, alternativo.

Yo ahora pertenezco a la clase media y me encuentro a medio escalón de pasar a formar parte de la clase media alta según mis ingresos, o al menos tengo las posibilidades de hacerlo. Esta cercanía, este casi lograr la meta de la integración que nos vendieron, estaba mucho más lejos para mis papás o sus papás.

Mi abuelo era carnicero. Mi papá me contó que ellos vivían en El Molinito, que es una colonia cerca de Naucalpan, una zona que era bosque en ese entonces. Cuando no había dinero para comer, mi abuelo salía a cazar conejos para alimentar a sus «puerquitos». Cuando mi papá tenía cinco años, mi abuelo falleció y, desde entonces, tuvo que trabajar para comer. Fue chalán de un zapatero y luego se volvió obrero; de esto último trabajó toda su juventud. Procreó dos hijos, entró a estudiar al Instituto Politécnico Nacional gracias a que es una universidad pública (la educación pública ha cambiado miles de vidas) y se graduó de ingeniero. Después se ganó una beca para irse a estudiar a Alemania un año y medio. Cuando regresó, lo contrataron para trabajar en una empresa muy grande que se encargaba de hacer las bombas despachadoras de gasolina de todas las gasolineras del país. Le dieron una de las gerencias de la compañía.

Mi mamá es de Iztapalapa y nació ahí cuando todavía era un pueblo. Tan pueblo era que una vez mi mamá me contó cómo aventó a su prima a una nopalera, que servían para chiqueros de puercos. A mi tía la atacaron los puercos y desde entonces quedó bastante «traumada». Todavía se lo reclama a mi mamá bromeando y las dos tienen más de 70 años. Estas historias, por supuesto, no son las de la blanquitud. Sin embargo, a mí me tocó algo diferente.

Cuando nací yo, nunca tuve que trabajar por necesidad. Trabajé por gusto y para completar mis gastos, pero nunca porque hiciera falta para comer, como mi papá sí lo hizo desde los cinco años. Yo estudié también en la universidad. Si bien mi papá fue el primero en estudiar una carrera en su familia, para cuando le tocó el turno a mi generación, ya casi todos habíamos estudiado carreras universitarias. A diferencia de él, para mí desde el principio ya era un hecho que iba a estudiar una carrera, siempre supe que era una posibilidad. No era una alternativa, era un hecho, y para mis hermanos igual.

Después de tres generaciones y 80 años de experiencias de mis familiares, yo pude pertenecer a la clase media desde un inicio. Sin embargo, un niño o un adolescente que entra al narco, en cinco años brinca uno o dos niveles en la escala social. Claro, en cinco años es posible que se muera, pero en ese tiempo el morro no solo se dio una mejor vida y ganó respetabilidad, sino que, si fue inteligente, le dejó dinero a su familia, les dejó una casa e incluso pudo haber pagado la educación a sus hermanos. Por supuesto, este no es el caso con todos, pero sucede. Lo que a mi familia le tomó tres generaciones y 80 años, el narco te lo ofrece en una sola vida... en una década.

Si alguna vez te has preguntado por qué hay tanto narco en el país, piensa en lo que te acabo de contar. **Piensa en que primero nos vendieron la ilusión de integración, de ascenso, de blanqueamiento social; después, le pusieron una cantidad absurda de obstáculos porque en realidad es pura fantasía porque el objetivo no es que nos integremos: es que soñemos con integrarnos y creamos que es posible para que así pueda explotarse a un grupo oprimido y que siempre se quede así, oprimido. Es falsa la idea de que a base de esfuerzo podremos vivir mejor porque el color de la piel importa, aunque te digan y repitan que no.**

Hace poco leí sobre un experimento que llevaron a cabo en El Colegio de México, en el que mandaron un mismo *curriculum vitae* a diferentes empresas. Era «casi» el mismo, porque algunos iban con foto y otros sin foto. Los que enviaron con una imagen se dividían en dos grupos: aquellos en los que aparecía una persona blanca y los que le «pertenecían» a una persona morena. Misma educación. Misma experiencia laboral. Misma edad.

La respuesta de los departamentos de recursos humanos, como ya te imaginarás, fue que contactaron a las
personas de piel blanca en un porcentaje mucho mayor
que a los prietos, por ahí del 40%. ¿Qué buscaban con
el experimento? Comprobar que las personas morenas,
solo por ser morenas —aunque tengan el mismo currículum—, tienen más complicado el acceso a un trabajo.
Por lo tanto, se nos complica más el ascenso y el mismo
blanqueamiento que nos piden.

El choro de que somos mestizos y lo que nos diferencia
es la inteligencia, las habilidades, los estudios, el esfuerzo,
etcétera es eso, puro cuento. El color de piel es uno de
los filtros más grandes para tener éxito en el proceso
de escala social. El sistema racista en el que vivimos nos
impide el crecimiento económico, que a su vez significa
un crecimiento en la escala social, es decir, una mejor
vida, más satisfacciones, mejor educación para nuestros
hijos. Nos impide contar con tiempo libre, porque una
buena lana te puede dar unas buenas vacaciones y buenos fines de semana sin tener que hacer doble o triple
turno. Sucede igual que en Estados Unidos cuando le difi-
cultan y hasta imposibilitan el acceso a muchísimos servicios y beneficios a la gente negra. Se siguen perpetuando
estereotipos racistas que hablan del color de piel de las
personas mexicanas, escondidos, claro, detrás de la falsa
idea del clasismo.

Yo nací con ciertos privilegios, tanto que podría parecer
que mi vida es la del «muchacho alegre del pueblo» que la
armó en la vida y que ha logrado integrarse. Mi caso podría ser el ejemplo perfecto del «echaleganismo». Mi vida
sería la muestra de cómo funciona o debiera funcionar

la movilidad social, del «si le chingas y eres inteligente y tomas buenas decisiones puedes llegar a donde quieras y nada te va a impedir llegar a algún lugar». Claro que me creí eso durante muchos años. Es decir, que a mí me tocaba echarle más ganas; lo hice, me partí la madre y logré algo de éxito. Eso hasta que la realidad me fue dando de golpes y empecé a entender o leer las dinámicas sociales, sobre todo cuando comparaba mi camino con el de mis colegas, provenientes de la blanquitud, que habían logrado lo mismo o más que yo con el mínimo esfuerzo. De pronto dejé de aplaudirme a mí mismo, no porque hiciera menos mi esfuerzo, sino porque me parecía absurdo. Comencé a cuestionarme cosas cómo ¿por qué yo tuve que hacer tanto? ¿Por qué mi familia tardó tres generaciones en llegar a un lugar y otros compañeros actores blancos, de apellidos europeos o de origen europeo, les bastó con que hicieran un casting y ya lo tenían todo a sus pies? ¿Por qué sus familias o los colegios a los que asistieron les aseguraban que podían llegar a donde quisieran, cuando quisieran, y ganar el dinero que se les pegara la chingada gana? ¿Por qué había actores que con una obra de teatro, una película o una serie en su currículum, no nada más aparecían en todas las revistas habidas y por haber, sino que los contrataban para ser la imagen de mil y una marcas? ¡Con un solo trabajo! En cambio, yo, después de 15 años de trabajo y sesenta y tantas películas, cortos y series o más, no recibía ofertas. La diferencia no estaba en el talento, tampoco en el esfuerzo. Me quedaba clarísimo que no éramos lo mismo, que no éramos iguales, por más que fuéramos parte de un gremio y nos paráramos a trabajar en los mismos lugares.

No quiero que estas palabras me muestren como la típica persona aspiracional. Mi intención no es que me vean como el ejemplo de «echándole ganas sales adelante», mucho menos que digan: «Mira, Tenoch, prieto y todo, está triunfando aquí y en otros países». No. Yo lo que quiero es que se cuestionen por qué solo hay uno (o muy pocos y pocas) como yo. Quiero que se cuestionen por qué tuvieron que pasar tres generaciones para que un miembro de mi familia pudiera llegar a este nivel socioeconómico. Por qué tuve que elegir una carrera como esta, de actor, para ganar dinero, mientras que la gente del grupo dominante, siendo dentistas, contadores, sin necesidad de hacerse actor e irse a Hollywood, pueden mantener el mismo nivel de vida. Es algo así como el camino que tienen las personas negras en Estados Unidos, que solo pueden acceder a una mejor vida siendo deportistas o *entertainers*, porque en las escuelas, trabajos y la vida en general, les ponen trabas si quisieran hacerlo de otra manera.

Entre más leo sobre racismo y mestizaje, más me doy cuenta de que la palabra «México» es una idea abstracta. Que esta nación, que amo profundamente y que me formó, es solo una idea. Ahora sé que de nada sirve esa idea si no permite que todos sus hijos puedan disfrutar de una mejor vida. Me doy cuenta de que al escribir este libro, no le hablo a México en el sentido abstracto, sino que le estoy hablando al morrito que va en el micro, a la morrita del metro que piensa que todas esas caras blancas que ve en los espectaculares vendiéndole una vida perfecta, que van manejando carros de lujo, que aparecen en fotos de redes en sus vacaciones en Europa, se merecen todo eso y ellos no.

Quiero que los morros que lean esto se cuestionen por qué ellos están donde están y por qué a ellos les tocará esforzarse el doble, el triple, el quíntuple para llegar a un mejor lugar en términos económicos. Quiero que esos morros se lo cuestionen y que sepan por qué. Pero más importante, quiero que se empoderen, que tomen las posiciones de poder e influencia y, en lugar de traicionar a su clase social y su origen y asimilarse a la blanquitud —que es lo que todos hacen cuando llegan a la clase media, cuando voltean hacia atrás y dicen «pinches jodidos, son pobres porque quieren»—, sean leales a su origen y desmonten el sistema. Quiero que lo desmantelen porque esos morros soy yo.

Tal vez, en el fondo, muy adentro, solo le estoy hablando a mi yo del pasado y le estoy diciendo lo que hubiera necesitado escuchar: que no hay nada malo en mí. Nunca lo hubo. Es decir, hay errores, deformaciones de origen, hay malas crianzas, es lo que nos hace humanos, pero eso se encuentra en todos lados, en todas las clases sociales, en todos los colores de piel. No hay diferencia. Así fue como me di cuenta de que la blanquitud también es bruta, de que la élite también es bruta (y tal vez más). ¿Por qué? Porque ellos tienen una responsabilidad histórica que no quieren asumir. No se han dado cuenta de que ellos, al ser élite, el grupo dominante, son quienes pueden cambiar el sistema desde arriba. Como sé que no lo harán, que les tomará una vida hacerlo y que lo poco que hacen lo hacen mal o a su manera, creo que, a final de cuentas, yo le quiero decir a los morros: «Chíngale, mijo, llega, para que luego destruyas este pinche monstruo».

EL SALVADOR BLANCO

El sistema racista en el que vivimos no solo se ha encargado de hacer menos a la gente morena, sino también de elevar a la gente blanca, de favorecer sus valores culturales. Por eso, la blanquitud, cuando quiere apoyar y sentirse bienhechora, se pone la capa de héroes o heroínas, de modelos a seguir. Por eso aspiramos a ser ese modelo, por eso hicieron a los héroes siempre blancos (Superman, Batman, Iron Man, etcétera). Esos personajes no son la causa, sino el resultado de que los hombres y mujeres blancos también se sientan los grandes salvadores de la sociedad. Son ellos quienes nos van a salvar incluso del racismo que su clase dominante se ha encargado de perpetuar, algo que ya es el colmo del individualismo. La persona blanca dice: yo te salvo, yo entiendo la posición de poder y privilegio que tengo, pero como no la quiero compartir, mejor creo organizaciones para ayudar un poquito a los más necesitados, para «darle voz a los que no tienen». Por cierto, a mí es una frase que me purga. Esa frase quiere decir que tú, persona blanca, en tu infinita misericordia, vas a prestarles tu voz a esos pobrecitos que no tienen boca, lengua ni capacidad de articular un discurso. Así, estarás tú enfrente del público, en la toma principal del video, de la foto, en el artículo del periódico dando declaraciones en nombre de los oprimidos. El problema no es que les falte voz, lo que faltan son micrófonos. Y esos no los van a compartir porque deben quedarse en las manos de unos pocos privilegiados para controlar qué y cuánto se dice. ¡No, perro, yo no necesito que me des voz, sino que te abras a la verga! ¡Vete para atrás y pinches cállate!

En el país siguen siendo frecuentes estos movimientos en los que la élite cultural progresista es la que se encarga de encabezar eventos en pro de los derechos de los prietos migrantes, de los indígenas, de los pobres, de los desfavorecidos en general. Ellos son los que saben articular las formas de hablar por aquellos que no tienen manera de hacerlo, «que no saben cómo». Son ellos quienes cuidan a los desprotegidos. Es toda una necesidad de estar en el centro, de echarse los reflectores encima.

El gran problema con el síndrome del salvador blanco es que, en el fondo, no buscan acabar con la desigualdad o con el sistema racista que los beneficia. Se trata más bien de palmearse el hombro con actividades asistencialistas que ayudan en muy poco. Si quienes padecen de este síndrome de verdad quisieran acabar con los efectos del racismo, usarían sus privilegios para influir en las decisiones políticas que se toman en el país, en los estados o incluso a nivel municipal. Si quisieran, podrían mejor dedicar el esfuerzo a lograr que las élites pagaran impuestos para con eso cerrar la brecha que separa a la clase dominante de la mayoría del país. Si en realidad quisieran hacer una labor importante, pagarían mejores salarios, comenzarían a soltar repartos de utilidades, llevarían un mejor control en las prácticas de contratación para no discriminar por color de piel. O bien, podrían lanzar campañas para pedirles a las compañías que venden comida chatarra que mejoren la calidad de sus productos, para así mejorar la salud de las personas a quienes no les queda más que comprarlos y se ahorren gastos en salud o incapacidades o puedan, por su cuenta, generar más ingresos. También podrían trabajar para eliminar monopolios y devolverles el poder a los campesinos. Por supuesto, cambios como estos, con el tiempo, harían que el sistema racista se debilitara y se acabaran los beneficiados, pero eso sería mucho pedir. Mejor se graban construyendo una o dos casitas de lámina para una familia empobrecida... ¡y listo: se acabó la pobreza!

Todo esto me recuerda a un comentario —es más, era un reclamo— bastante estúpido que me hizo un actor reconocido, de origen español y que presume de su origen ibérico cada que puede. Este hombre, además, estudió en el Colegio Madrid en la Ciudad de México que, si no lo conoces, es uno de los semilleros de la blanquitud y de la clase dominante en el país. Es imposible haber nacido y crecido en un ambiente más privilegiado. Sin embargo, él se dice comprometido con la causa zapatista, aunque en su caso podríamos meterlo en el saco de los «frezapatistas». A pesar de gritar en donde pueda que es una persona consciente, me dijo en aquella ocasión: «Tú no puedes quejarte, cabrón, tú ya llegaste. ¡Tú cállate! ¡Ya te dejamos llegar!». Su comentario está mal en varios niveles.

Primero: ¿llegaste? ¿Es que necesito llegar? ¿A dónde? Claro, al blanqueamiento, a la asimilación. Para él no se trata de pelear por la identidad de un grupo de personas, sino de más bien ayudarlas a blanquearse, a «llegar».

Segundo: ¿yo no puedo hablar de discriminación? ¿Yo no puedo hablar de racismo? ¿No puedo hablar de cambiar la narrativa? ¿A pesar de mi origen, de haber vivido y seguir viviendo una vida en la que el color de mi piel ha sido un factor determinante? Sin embargo, él, que es blanco, de lana, de familia acomodada, perteneciente a la intelectualidad del país, él sí puede ser zapatista. Él sí puede promover a Marichuy —la defensora de los derechos humanos de origen nahua— y hablar en nombre de los indígenas, «darles voz a los que no tienen». Yo no. Yo, que viví la experiencia en carne propia, no puedo.

La idea de que alguien como yo, que ha escapado a varias de las opresiones con las que nació, que ha acumulado privilegios de blanquitud (a la que, en sus propias palabras, «me dejaron llegar»), tampoco es única. Con eso perdí mi derecho a hablar. ¡Hasta para indignarse ellos van primero! **Los prietos ni siquiera tenemos derecho a la indignación porque, si un prieto se enoja y levanta la voz, se convierte en un salvaje resentido. Si una persona blanca se indigna y levanta la voz por los oprimidos es, en cambio, un activista**. Si un prieto se encabrona, es un delincuente; si un blanco se encabrona, es un luchador social. ¿Te imaginas? Hasta en eso nos exigen que les demos el espacio.

Hace poco circuló un video en redes en el que un grupo de activistas blancos hablaban a favor de la lucha ecologista. Por supuesto, hasta ahí todo bien. Sin embargo, se habían ubicado al centro del debate y hablaban en nombre de comunidades indígenas, aunque ellos, sus defendidos, no se veían por ningún lado. Me di cuenta e hice la pregunta: «En su video, ¿en dónde están estos indígenas de los que hablan y por los que se indignan?».

Como te imaginarás, los indignados fueron ellos y, en respuesta, dijeron que yo era un loco, enojado, enfermo, y que ojalá pudieran encontrar a alguien que hablara conmigo, porque mi cabeza está llena de odio, de rencor. Todo porque los señalaba cuando ellos solo querían hacer «lo correcto». Como si yo les hubiera impedido hacer algo. Estas personas «buenas», que defendían a gente morena, de inmediato ubicaron a una persona también morena como el enemigo en lugar de preguntarse primero si lo que yo pregunté tenía sentido. Como si yo fuera parte del problema. Claro, es impensable incomodar a los integrantes de la blanquitud. Durante el tiempo que duró la «discusión», cosa de semanas, me llamó una de las mujeres parte del grupo activista: blanca, de varo y que radica en Los Ángeles. Me dijo que ella había hablado con un buzo y con un espeleólogo y que, luego de escuchar sus palabras, se había puesto a llorar. La habían conmovido tanto las experiencias de estas personas que convivían con la naturaleza que la movieron a la lucha. «¡Por eso estamos luchando!», me dijo. Sus lágrimas le habían dado legitimidad, pero no mencionó a las comunidades que decía defender, no habló de que el megaproyecto que querían detener era colonialista, no dijo nada sobre las concesiones de locales comerciales dentro de las instalaciones del proyecto, que eran para transnacionales y no para las comunidades. No, ELLA había llorado y eso era suficiente para que Poder Prieto y yo nos uniéramos a la lucha. ¡La audacia de la blanquitud!

Quiero aclarar que me parece bien que todos luchemos, que alcemos la voz, que hagamos algo y no nos quedemos estáticos. El problema es que no puede ser la gente blanca la que se coloque en el centro del debate todo el tiempo y en todas las luchas. NO SE TRATA DE ELLOS. Si de verdad quieren lograr un cambio, deben ceder ese espacio de su lucha, sobre todo porque a ellos sí los escuchan.

No necesitamos que nos salven. No necesitamos que nos den voz. Por supuesto, estoy creando este libro, por lo tanto, yo tengo el micrófono, aunque no me lo dieron así como así. Sucedió porque me hice de una de las validaciones por parte de la blanquitud: que más o menos soy famoso. Participo en una industria que genera proyección, riqueza, fama, y, por lo tanto, los medios de comunicación me ponen una cámara encima y me dejan hablar. Si no fuera así, ni quién me hiciera caso. Llevo 16 años en la industria y, desde que comencé, hablé en contra del racismo (de forma menos articulada que ahora porque entendía menos), pero en esos primeros años nadie me volteaba a ver. Primero, porque a nadie le interesaba, y después, porque quién iba a escuchar a un prieto que es actor desconocido. Después de que apareció la serie *Narcos* en Netflix y del éxito que tuvo, me empezaron a hacer más caso y mi voz comenzó a amplificarse. Me quedó claro que sería yo una de las personas a quienes, dijera lo que dijera, iban a escuchar. Es por eso que, de nuevo, soy yo quien escribe este libro y no un académico que se ha especializado en este tema, aunque sí existan muchos libros por ahí.

La blanquitud se equivoca al querer quitarnos la voz, hacerla suya, pero no es lo único que nos quitan como parte del sistema racista en el que vivimos.

¿DE QUIÉNES SON LOS HUIPILES? LA APROPIACIÓN CULTURAL

Una de las cosas que me preguntan (o con la que me atacan seguido) es que, si yo soy tan antirracista y hablo de nuestro pasado, ¿por qué no me siento indígena? Mi respuesta es porque no participo de sus usos y costumbres; porque no crecí en una comunidad indígena y no hablo ninguna de las 68 voces de este país. En mi sangre por supuesto que corre la genética indígena, pero en términos culturales nunca lo fui. Si lo hiciera, si por ser moreno me pusiera a imitarlos, entonces estaría cayendo en la apropiación cultural, que es, de hecho, una de las caras del racismo. Aquí, la blanquitud toma algo de una cultura diferente y lo hace suyo para extraer un beneficio económico sin dar ni crédito a sus creadores, y aquí viene lo más importante: mucho menos comparte el valor agregado al producto o experiencia de venta; la plusvalía pues.

Por lo tanto, otra forma en la que el racismo se ve reflejado en el país es en la apropiación cultural. Este término no surgió aquí, sino que se usa en todo el mundo para hacer referencia al hecho de que personas del grupo dominante, de países o grupos sociales blancos, toman rasgos y producción cultural de otros, tales como peinados, ropa, música, comida, costumbres, etcétera, y que les dan identidad, para luego descontextualizarlos y hacerlos propios para comercializar, generar riqueza y fomentar modas. En estos casos, quienes han entregado sin querer sus identidades al grupo dominante rara vez ven el fruto de la explotación de su cultura.

Por supuesto, muchas personas responden a esto diciendo que es algo así como un homenaje a dichas culturas, que es una forma de «celebrarlas». Sin embargo, estas se vuelven racistas cuando estos usos y costumbres solo son aceptados cuando las practica, usa o explota una persona blanca. Es decir, una persona blanca usando huipil está de moda (además de que seguro pagó muchísimo dinero porque lo compró en una tienda de ropa cara), mientras que si una persona prieta lo usa, es indígena, «naca» y fea.

Hace poco me escribió por Instagram una morra de Puebla que quiere dedicarse al modelaje y me contó que, en una sesión para alguna marca de ropa, le pusieron un huipil y, luego de pensarlo dos veces, los encargados de la producción le dijeron que siempre no, que a ella no le quedaba bien, que «no iba bien con la piel morena ni con el pelo lacio», que se veía mejor en alguien de piel blanca. ¡¿Qué quiere decir esto?! Que la blanquitud no tiene problema en tomar los elementos culturales del grupo dominado, de hacerlos suyos. Lo hacen porque las expresiones culturales de los grupos indígenas son chingonas, no lo pueden negar, pero como no dejan de ser prietos y pobres, mejor quieren imaginarlo sobre sus pieles blancas. ¡Los huipiles, que usan desde hace cientos de años los indígenas, resulta que son para la piel clara! Total, lo usan como disfraz.

La apropiación cultural no se queda en la ropa porque, por ejemplo, si una persona blanca canta un corrido o una cumbia en una boda, quiere decir que es irreverente, *cool*, divertida, pero si una persona morena o de barrio canta la misma cumbia a todo pulmón, entonces ya es de mal gusto porque canta aquello que la representa. Por lo tanto, no es una aceptación del capital cultural y de la comunidad oprimida: es la apropiación de la manifestación cultural sin sus creadores como señal de dominio.

En el podcast *1619* de *The New York Times* y que conduce Nikole Hannah-Jones, cuentan una de las primeras historias de cómo surgió la *black face* en Estados Unidos, que era la práctica de las personas blancas de pintarse la cara de negro y actuar como ellos pensaban que lo hacía una persona afroamericana. En 1828 un actor de nombre Thomas D. Rice escuchó a un hombre negro cantar una canción mientras hacía su trabajo como esclavo. Se le prendió el foco y fue a pintarse la cara de negro con un corcho quemado, apuntó la letra de una canción inventada y esa noche se presentó en el teatro con la cara ennegrecida, cantando una melodía, en su mente, parecida a la del hombre aquel, a quien llamó Jim Crow y a la canción *Jump Jim Crow* (Salta, Jim Crow). Cuando terminó, la gente le aplaudió de pie por equis cantidad de minutos. Ese fue el inicio de los espectáculos del mismo tipo en el país y, de hecho, fue su primera representación artística. Tuvo tanto éxito porque, hasta ese entonces, solo consumían la cultura europea, que tenía música clásica y teatro, pero Estados Unidos no tenía nada propio. De ahí fue evolucionando, fueron armando canciones y tipos de música que no eran más que una interpretación de la clase oprimida. Según cuenta Nikole, aquello era una forma de que la gente blanca se sintiera bien porque sabían que había algo más o menos malo en la esclavitud, aunque no sabían bien qué. Para ellos, representar a la gente negra en un espectáculo, y cantar y bailar como ellos era una forma de inclusión. Si te das cuenta, nunca hubieran pagado por ver a gente esclavizada cantar en un escenario y tocar sus instrumentos. No. Fue más bien cuando la gente blanca los interpretó que fue aceptado. El mismo fenómeno sucede en México cuando la blanquitud empezó a cantar la música de la gente morena. Fue hasta que miembros de la blanquitud cantaron cumbias de Los Ángeles Azules que el género fue aceptado por las élites y los medios se abrieron a la música... pero no a los prietos que las bailan.

5

EL SENTIDO DE MERECIMIENTO DE LA BLANQUITUD

Hace poco me preguntaron por qué creía que molestaba o incomodaba lo que yo digo o exijo en entrevistas, redes sociales y, ahora, en este libro. Primero, porque mi discurso cuestiona el *statu quo*. Además, confronta a las élites o al grupo dominante. Sin embargo, el origen de su descontento viene de mucho más atrás: de su formación y la manera en que les han enseñado a ver el mundo.

Ahora que convivo con las clases medias y altas, por fin he entendido qué es el refuerzo positivo, cuya definición es que enseñamos a alguien a asociar un acto o conducta con una consecuencia agradable, con un cumplido o una porra, vaya. En este tipo de aprendizaje, cuando cometes un error no te dicen «grandísimo tonto», como me decía mi papá o la mayoría de los papás y las mamás para el caso. Más bien, cuando te equivocas, te dicen: «Ay, mi amor, no importa, vuélvelo a hacer y verás cómo te sale bien». No importa cuántas veces la persona lo haga mal; de todas maneras, le van a decir: «¡Bravo, mi amor! ¡Tú puedes!».

Descubrí cómo funciona porque es mucho más común —es la norma incluso— en Estados Unidos. Y está muy bien. La idea es buscar el lado positivo de una situación primero y enfocarse mejor en solucionar lo negativo. Nada más que en México las élites torcieron el concepto, para bien o para mal: puedes ser incompetente o una persona sin habilidades para hacer algo y, de todas maneras, quienes te rodean te van a aplaudir y te dirán y repetirán que eres increíble. Por lo tanto, una persona crecerá creyendo que es una maravilla y, encima de eso, se dará cuenta de que en su entorno, la gente que se parece a ella son unos chingones y unas chingonas que mandan sobre otros grupos y disfrutan de todas las definiciones de éxito que nos venden en Occidente. Está clarísimo para ellos que se merecen todo lo que el mundo les da porque así lo decidió un ser supremo, la evolución, su cultura europeizada o vete tú a saber qué, que los hizo perfectos, merecedores de toda la dicha, los placeres y bondades de la vida. También se dará cuenta de que quienes no se parecen a la persona, es decir, la «otredad», los prietos (o negros), son los que obedecen porque no son increíbles ni maravillosos en todo lo que hacen. Por eso, cuando les habla a los prietos, estos bajan la cabeza y la mirada en señal de respeto, de sentirse y aceptar una inferioridad que pareciera divina. Por último, a esta persona magnífica y campeona, a esta estrella y merecedora de todo lo bueno que el mundo tiene para ofrecer, nada le impide mandarlos a chingar a su madre y ser grosero con ellos. Es más, incluso si se comete un error o un crimen o ilegalidad, su condición de prodigio, persona extraordinaria, le otorgará un boleto para salir de eso sin represalias. Es decir, si en la calle, manejando, atropella a uno de «los otros», se encontrará con que la autoridad, digamos un juez, está abierta a recibir dinero para nunca llevarlos a la cárcel. Porque esta persona tiene el dinero y la otra necesidad y, de todas formas, ha aprendido que cuando comete un error deberá seguirle un aplauso, un refuerzo positivo, verle lo bueno a la situación, aprender de ella y seguir con su vida increíble.

El problema sucede cuando, de repente, llega uno de estos prietos que nació para obedecer, que en «el orden natural de las razas» está debajo de la persona maravillosa y cuya única función es servirle al grupo dominante, y la mira a los ojos y le dice: «No, tú no sirves para nada. No eres especial. No eres increíble, maravilloso y una superestrella. No eres más inteligente. No eres más guapo ni más guapa. Tampoco eres más talentosa y hábil. Simple y sencillamente naciste con la piel más clara, blanca, y en el seno de una familia que ha arrastrado privilegios y calidad de vida de un grupo dominante; es decir, naciste en el lugar indicado». Y además se lo dice sin mirar hacia abajo, viendo a esta persona a los ojos.

De hecho, a mí me han agredido por la osadía de hablarles de persona a persona, como iguales.

Hace tiempo, como parte de mi trabajo en una producción, tuve que viajar de la Ciudad de México a un pueblo de Oaxaca, a un lado de Veracruz. El equipo de producción nos citó a la una de la tarde para irnos varias camionetas en caravana, cargadas con integrantes del elenco, periodistas y varias personas de producción. Por ley, en cualquier llamado antes las tres de la tarde, le corresponde a la producción darle de comer al equipo completo. Esto es algo que quienes trabajamos en la industria del cine y de los medios audiovisuales sabemos, pues es algo que además establece nuestro sindicato. Como salimos casi de inmediato, nadie pidió, recordó o dijo nada sobre la comida.

Luego de un rato en carretera, llegando a Charco Frío, que está por la salida a Puebla, apenas afuera de la Ciudad de México, le dije al chofer de nuestra camioneta: "Oye, carnal, tengo muchísima hambre, ¿no habrá manera de que paremos por aquí para echarnos unas quesadillas?". Lo dije yo, pero todo mundo en la camioneta dijo que también tenía hambre y se unieron a la petición. El chofer me dijo: "Por mí no hay problema, pero nos pidieron llegar antes de la hora". Le dije que en 15 minutos pedíamos las quesadillas y nos las podíamos ir comiendo en el camino. Sin mucho problema accedió y al principio fue el único que se estacionó, es decir, no le avisó a los otros choferes. Sin embargo, las demás camionetas lo vieron, lo siguieron y también se estacionaron. Resulta que todos se morían de hambre.

Bajamos a comer. No habían pasado ni tres minutos mientras todos sentados esperábamos nuestra comida. Recibí una llamada telefónica de la productora:

—¿Se puede saber por qué chingados paraste mis camionetas?

—¿Perdón? —le contesté.

—¿Por qué paraste mis camionetas? —me dijo, como regañando a un morro de primaria que había hecho un desmadre.

—Para comer —le dije, dejándole claro que era una obviedad su pregunta. Mi respuesta, más que mi tono, la indignó de manera profunda. Se tomó un segundo para seguir con el intercambio.

—¿Y tú quién chingados te crees para tomar una decisión de esas! —Ya se había molestado más, ahora le había subido al volumen.

—No, pues no me creo nadie. Nada más tenía hambre. Teníamos, de hecho.

—¡A mí me vale madre que tengas hambre!

—Pues es mi derecho, ¿no? —le respondí. Aquí ya la diferencia en el volumen de la voz era muy marcada. No sé si el resto del equipo y los periodistas estaban poniendo atención, yo supongo que sí.

—¡Nononono! ¿Cuáles derechos, niño pendejo? ¡Tú no sabes nada! —Sí, en la mente de esta mujer estaba hablándole a un morro, a alguien que debe ser regañado si desobedece.

—Pero sí sé. Si tú, productora, me llamas para salir a otro estado antes de las tres de la tarde, me tienes que dar de comer. Es más, solo con salir de la ciudad.

Ahora bien, no le estaba cobrando la comida, la estaba pagando yo. Sin embargo, quedaba claro que teníamos derecho a parar para comer.

—¿No sabes tú que tengo una conferencia de prensa y los periodistas que tú detuviste tienen que venir a cubrir el llamado de hoy?

—No, no lo sabía. Aunque, de hecho, yo no los detuve: solo le pedí al chofer de mi camioneta que lo hiciera y ya los alcanzaríamos. Los demás se estacionaron aquí porque quisieron —le contesté.

—Pero ¿tú quién te crees? ¡Si tú no eres nada, tú no eres nadie! Tú eres un pinche indio. Entiéndelo: tú eres un pinche naco, tú ni siquiera existes. Tú eres un pinche actor mediocre que no es capaz de meter tres moscas a la sala de cine —me gritó desde, según ella, varios escalones encima de mí, desde la superioridad y desde el privilegio de la blanquitud, desde el lugar que le han dado años de racismo perpetuado por sus padres, abuelos, por un sistema de leyes y costumbres, de chistes que hacen menos y deshumanizan a las personas indígenas.

Lo único en lo que había tenido razón era en que yo no metía ni tres moscas al cine, je, je, je. Lo demás fueron estupideces.

Eso último me hizo darme cuenta de lo descarada que podía llegar a ser y, sobre todo, de cómo se había salido de sus casillas porque no pudo aguantarse los insultos racistas que, de todas formas, ya pensaba. Esto ya se puso rudo, pensé. Puse el teléfono en la mesa y lo puse en altavoz. No se dio cuenta o no le importó, porque siguió con sus regaños y hablándome como si fuera un niño.

—¡En este mismo instante te me subes a la camioneta y te me vienes acá, pendejo!

Aquí, por supuesto, ya todos se habían dado cuenta del intercambio entre los dos. Yo igual mantuve la calma.

—Pues no. Hasta que acabe de comer me subo. Además, yo ya casi termino, pero los demás no.

—¡A mí me vale madre! Y... —Aquí dejaré los puntos suspensivos para no reproducir la retahíla de insultos racistas que profirió la mujer. Al final de ese nuevo arranque, me dijo—: ¿Tú qué chingados vas a saber lo que es producir?

La verdad es que no sabía mucho sobre producción en aquel entonces, pero había trabajado en unas 45 películas, así que sabía cuáles eran mis derechos y obligaciones como actor. Así que, bueno, tenía la suficiente experiencia como para exigir(le) mis derechos.

Por otro lado, ella solo había producido una película; la que estábamos filmando, además. Así que sí, en general tenía más tablas y conocimiento que ella en el mundo del cine. Ella siguió gritando, mentando madres y regañándome para, según ella, ubicarme o ponerme en mi lugar.

Por cierto, debo decir que esta mujer es de una de las familias más respetables y fresas, de lana, de gente que gravita entre la política y las noticias. Es esposa de uno de los principales integrantes de la blanquitud en México; ella misma es una abanderada de la blanquitud.

Después de varios minutos de escucharla decir idioteces como parte de su monólogo encorajinado, terminé de comer; también los demás. En total, había tomado más o menos 20 minutos la parada. Llegamos a Oaxaca media hora más temprano de lo que estaba previsto porque los choferes sabían que íbamos tarde y aceleraron un poquito; además, con la pausa, evitamos el tráfico por un accidente porque cuando pasamos por el lugar ya se había liberado un carril más.

Al día siguiente, la mujer productora apareció en el set de filmación, pero justo cuando habíamos terminado de trabajar.

—¿Podemos hablar? —me dijo, ahora con calma, como si hubiera reflexionado o alguien le hubiera dicho que sus palabras y su conducta habían sido reprobables.

—Sí, claro —le contesté de buena manera, no porque se me hubiera olvidado la forma en que me había insultado, porque por más que pidiera perdón, esas ideas y el racismo arraigado, agresivo, no son algo que se le salga a una persona en un momento de calentura, sino porque sus palabras llevaban el peso de años de educación racista, de discriminación programada en su cerebro.

—¿Y bien? —me dijo, con dos rayitas arriba en su actitud. No, la cosa iba lejos de una disculpa o de una reflexión de su parte.

—¿Y bien qué? —le contesté.

—¿Tienes algo que decirme?

—No. Ayer dije lo que tenía que decir. ¿O hay algo más que tú quieras escuchar o decir? —De nuevo, el encuentro se volvió ríspido, como el día anterior.

Luego de escucharme se quedó en silencio unos segundos, como si la olla de presión estuviera calentándose o la sangre estuviera hirviéndole.

—Tu pinche arrogancia no te va a llevar a ningún lado, ¿eh? Tienes que aprender cuál es tu lugar y también a respetar a la gente, porque tú no eres más que un pinche indio que debe ubicarse —me dijo sin gritar, como la tarde anterior, pero con un tono autoritario, conferido por el sentido de derecho, merecimiento y posicionamiento que le habían dado todos a su alrededor, desde niña,

quizá cuando tenía a personas prietas aten-
diéndola y al pendiente de sus necesidades,
a quienes casi por contrato laboral (si es que
lo tenían) se les pedía que a la niña a todo le
dijeran que sí, que a la niña la cuidaran y
estuvieran ahí para cumplirle cualquiera de
sus deseos: personas de limpieza, choferes,
asistentes, jardineros, etcétera.

Todos ellos tenían un lugar. Yo, un prieto más a su servicio, me había salido. Estaba perdido, desubicado. Por lo tanto,
a ella le correspondía, como terrateniente
estadounidense de los plantíos de algodón,
darme con el látigo y evitar que me rebe-
lara.

Volvió a soltar la lengua y a repetir las
mismas estupideces que antes. De frente esta
vez. Sin ningún pudor. Sin un ápice de empatía. Yo, muy amable, solo la veía a los
ojos, esperando a que terminara, hasta que
el momento llegó.

—¿Ya terminaste? Lo digo porque a mí me
cortaron hace una hora y ahorita debería ya
estar descansando, así que esto te va a costar una hora extra. Yo ya debería estar en
mi hotel, y, mientras más tiempo esté aquí,
más me tendrás que pagar.

Eso, claro, la encabronó más, porque escucharla le iba a costar a ella horas extra
de mi sueldo. Cerró con dos o tres insultos
más, se dio la vuelta y se fue.

Por supuesto que sus palabras me lastima-
ron, por más que yo hubiera mantenido la calma y sido la persona civilizada y no la salvaje.
No es agradable sentirse ninguneado, mucho
menos, tratado como si fueras una persona
inferior a otra. Aunque supiera que lo que
dijo eran un puñado de idioteces y solo mos-
traba lo ignorante que era, no por eso deja
de doler.

A mí, como a miles y miles de prietos, me
han dicho de todo: pinche indio, negro, prieto,
muerto de hambre, pinche resentido (sobre
todo eso). Aunque todo eso lo he asimilado y
las palabras han ido perdiendo peso, tratamos
de no verlas como insultos, y con orgullo
nos hemos apoderado de la palabra "prieto".
En Poder Prieto, por ejemplo, todos sabemos
qué hay detrás de esas palabras. No son las
letras mismas: es la historia detrás y el
sistema que las sostiene y les da poder.

Entiendo que cuando llega este prieto que nació para
perder y los mira a los ojos y les dice: «No, carnal, estás
equivocado, equivocada», y que no solo se los dice, se los
comprueba con datos duros; cuando este prieto ocupa
un lugar que, por nacimiento, derecho divino, por «derecho de raza» y por capacidad económica, les corresponde a ellos; cuando llega este prieto a encararlos, les
trastoca la identidad.

¿Cómo es posible que este prieto venido de Ecatepec,
que no estudió en sus colegios de élite, que no fue a sus

escuelas de actuación, que los manda a chingar a su madre cada tres días, que hace mucho tiempo dejó de querer agradarles, y además llegó a Hollywood, está en el mismo nivel que sus hijos?

Este prieto, venido de la nada, ya igualó a sus hijos. Ha llegado más lejos que ellos, que tomaron clases de piano desde chiquitos, que crecieron viendo a sus papás, a sus mamás, a sus primos, a sus tíos haciendo teatro o cine, cerrando negocios importantes dentro del mundo del arte y del entretenimiento. Esos mismos que no tenían que leer las obras de Vicente Leñero, porque Leñero despertaba crudo en el sillón de su sala porque se puso una peda con sus papás. Este pinche prieto ajeno a ese contexto, que ya les perdió el miedo, representa un desafío al orden de las cosas, así como lo conocían, a la cultura de «jerarquía racial» de México. Este pinche prieto arrogante ya no les baja la mirada.

Este golpe que siente la élite no es algo que invente o me imagine. He recibido mensajes de integrantes de la blanquitud cultural, diciéndome cosas como «deja de patear el pesebre», «deja de aventar piedras al avispero», «deja de hablar de racismo porque vas a provocar una desgracia». Claro, nos tienen miedo. Hay un pavor dentro de ellos que les dice que si los negros y los prietos nos enojamos, si «despertamos» y nos damos cuenta de que no existe un derecho divino que los haga monarcas, entonces les podemos quitar sus privilegios. Si yo me quedara callado, si otros y otras como yo siguiéramos siendo invisibles, pues les importaría menos, pero en el fondo saben que sí abusaron. En el fondo saben que durante cientos de años el grupo dominante al que pertenecen ha hecho las cosas a su antojo. Les aterroriza que levantemos la voz porque en el momento en que los prietos empecemos a exigir igualdad de condiciones, ellos van a tener que ceder sus privilegios, compartirlos. Cuando eso suceda, no les quedará más que competir en igualdad de condiciones con nosotros. Y les vamos a dar la vuelta, porque nosotros ya nos acostumbramos a trabajar 10 veces más, nos hemos acostumbrado a esforzarnos 20 veces más y tenemos la piel y el carácter bien curtido. Porque leemos, aprendemos, tenemos talento, nos hemos conectado con nuestras emociones y podemos ver el mundo de forma diferente (más real, fuera de una burbuja). No porque seamos superiores, no porque nuestra genética sea mejor. Es porque el medio nos formó y nos obligó a hacer todo eso. Ese mismo grupo dominante nos ha orillado a prepararnos más y a aguantar las chingas que eso conlleva. Nos curtieron. Nos curtieron a madrazos. Nos forjaron a fuego lento.

El miedo genera rechazo y genera odio. Yo sé que hay una campaña permanente en contra mía a la que pertenecen muchos miembros de mi gremio. Sus esfuerzos por callarme se contradicen y van desde cuestionarme por qué me quejo, si ya trabajo en Estados Unidos y no tengo derecho de levantar la voz, hasta decir que me quejo porque no tengo trabajo. ¿Cuál de las dos, pues?

Me han acusado de macho, de misógino, de peleonero, de violento. Algunas de sus acusaciones y las historias que las siguen no son falsas, pero son vistas a través de una lupa y las amplifican con el público para desacreditar lo que tenga que decir. Encima de todo lo que digo y hago, dejé de buscar agradarles y durante mis días de trabajo prefiero asociarme con «los míos», con el equipo de filmación, con cierta parte de elenco, y ya no con los que forman parte y defienden a la blanquitud. Por último, soy un prieto arrogante, y no hay nada que le moleste más a la blanquitud que un prieto seguro de sí mismo, de sí misma, y sin miedo de ellos. Yo no bajo la mirada.

El problema es que uno puede ser blanco y arrogante, blanca y muy mamona, y todo mundo dirá, incluso en broma: «Ay, esta persona es remamona, pero qué divertida es, dice las cosas como son, es bien directa, es auténtica, tiene carácter...», entre otro montón de estupideces. ¿Qué pasa si la persona arrogante es prieta? Las reacciones se escucharían más o menos así: «¿Esta quién se cree?», «Ya se le subió», «Pinche mamón», «Ya perdió piso». «Se sube a una piedra y se marea». Pinche prieto arrogante.

NO ES MERECIMIENTO, ES PRIVILEGIO

A ciertos empresarios de la blanquitud: es mentira toda la basura del «echaleganismo», de la cultura del esfuerzo, de decir «yo me rompí la madre, por eso tengo lo que tengo», todo el cuento que te has contado a ti mismo del merecimiento, tu idea de sentirte empresario *self-made* cuando nunca en tu vida has creado una empresa desde la nada. Lo único que el grupo dominante en el que vives ha hecho (aunque no le haya tocado a esa persona) es lavar dinero, hacer facturas apócrifas, prestar nombres o hacer negocios con el Estado, prácticas todas ellas que perpetúan el dominio de un grupo para que quienes forman parte de él puedan beneficiarse del constructo, de los contactos y del sistema que los mantiene arriba. Porque, discúlpame el atrevimiento, adorado emprendedor blanco, pero una empresa que se dedica a hacer carreteras porque el Estado se lo encarga (y por Estado se entiende un compadre o comadre que conocían desde antes) no está arriesgando una chingada ni creando nada desde cero. Es un cabrón con cuates, primos, hermanos, tíos, metidos en el Estado y en el gobierno, y que le están dando los contratos para que haga la carretera. ¿Crees que esas personas sobrevivirían dos horas en un verdadero capitalismo? ¡No saben competir! Y cuando compiten, compiten con sus hermanos y sus primos, que al ratito se ponen de acuerdo y se reparten el pastel. De hecho, hace poco leí en el libro *No es normal*, de Viri Ríos, que México es de los únicos países en donde las principales 20 empresas no han cambiado en cincuenta años. Es porque no hay competencia. No son negocios encabezados por prodigios, por estrellas de la estrategia. Son arreglos.

El racismo es un sistema que privilegia a unos (piel clara) en detrimento de otros (piel oscura). Por lo tanto, al hablar y denunciar el racismo, sin duda habrá que señalar a quienes se ven beneficiados por este sistema social y los privilegios que este les confiere.

Por culpa de los privilegios es que el racismo es tan difícil de erradicar, porque eliminar este sistema significa que un grupo dejará de verse beneficiado, es decir, deberá compartir o ceder el privilegio. Eso los horroriza. Por ejemplo, sabemos que la piel blanca es factor para que una persona consiga trabajos y prestaciones por encima de otros con piel más oscura. Si elimináramos el racismo como sistema, ahora esa persona que se benefició por el color de su piel dependerá de otros factores para ganarse un trabajo, es decir, de sus méritos.

El principal privilegio de una persona blanca es que no tiene que pensar en el color de su piel. Antes de hablar de los privilegios más claros, pensemos en el más importante. Una persona negra se sabe negra y actúa en consecuencia con el lugar que la sociedad le ha dado. Una persona morena igual. Lo mismo que una asiática. Somos conscientes de nuestro color de piel y de lo que ello implica. Por otro lado, una persona blanca simplemente «es». Nunca cae en cuenta de que es blanca porque blanco es la norma. Nunca piensa en representación porque siempre ha estado representada. No piensa en cuotas de entrada a universidades porque no las necesita.

A pesar de esto, ellos son los primeros en brincar para decir que no tienen privilegios, a pesar de que todos tenemos varios, unos más que otros. Según los defensores de la blanquitud, las pocas cosas que tienen en su vida, como agua potable, techo y todas sus necesidades básicas, educación formal o universitaria, vivir en una ciudad, etcétera, no son un factor para que ellos hayan conseguido lo que han conseguido. Todo es a base de trabajo, sacrificio, mucho sudor y lágrimas. Dan por sentado lo que ellos tienen y suponen que todos tienen acceso a algún nivel de las mismas ventajas.

Uno de los problemas para no reconocer los diferentes privilegios de los que gozamos las personas es que la cultura popular se ha encargado de pintarnos siempre los extremos: así como racismo es igual a blancos linchando a personas de raza negra, privilegio es igual al lord inglés, heredero, paseando en Mónaco porque no tiene necesidad de trabajar y, por otro lado, quien no tiene privilegios es una persona que vive en pobreza extrema y que no cubre ni una sola de sus necesidades básicas. Por lo tanto, todo lo que se encuentre entre esos extremos es igual, toda persona que exista fuera de los polos es igual a la siguiente y tiene las mismas oportunidades de sobresalir.

Entiendo que es difícil reconocerse con privilegios si apenas tienes para darle de comer a tus hijos o para pagar la renta, si batallas para llegar al final de la quincena. Se siente hasta injusto. Sin embargo, si una persona tiene un coche para moverse, tiene un privilegio sobre quien debe moverse en camión. ¿Eso te convierte en un lord inglés? Por supuesto que no, estás lejísimos. Sin embargo, siempre habrá alguien en una posición con menos privilegios en desventaja frente a ti. No es tu culpa, claro, pero tampoco de la otra persona: es culpa del sistema que se ha construido.

Es demasiado inocente pensar que porque una persona cuenta con agua potable en una colonia pobre ya es lo mismo que una con agua potable en una de las colonias más ricas del país.

Existe una herramienta bastante útil para entender cómo funciona esto que vengo diciendo: la rueda de los privilegios. Esta sirve para ubicar nuestras opresiones y nuestros privilegios con respecto a los demás. Si volvemos a lo que dije al inicio de esta reflexión, mis atributos pueden encontrarse en la rueda de los privilegios y puedo encontrarme ahí según mi contexto y la sociedad en la que vivo.

Cuando las personas privilegiadas reconocen que tienen un privilegio, se dan cuenta de que muchos de sus méritos no son resultado de su trabajo o de sus propias acciones, sino de que nacieron en una posición privilegiada: entiéndase color de piel o una clase social alta producto del color de piel de sus abuelos.

El principal beneficio de cuestionar nuestros privilegios es que podemos, luego, preguntarnos cómo lograr que quienes no se benefician de la estructura que favorece distintas capas de privilegios puedan tener acceso a las mismas oportunidades que ellos mismos. Por eso es importante hablar de los privilegios y que cada uno haga un examen de conciencia.

Uno de los problemas de la blanquitud y el reconocimiento de privilegios es que, a muchos de ellos, dentro de su universo plagado de privilegios, les faltaron algunos. Quizá algunos se mantuvieron ahí gracias a becas en colegios y universidades de élite, o sus familias batallaban para pagar la luz o la renta, estiraban la quincena para llegar a fin de mes, y por eso se terminan sintiendo víctimas o ven su vida como si fuera la del desfavorecido. El mito de la meritocracia nos dice que si nos esforzamos, trabajamos y sufrimos, vamos a conseguir lo que buscamos y que, además, por haberle chingado duro, nos lo merecemos y nadie en su sano juicio podría cuestionarnos. Esta parte de la blanquitud que se ha esforzado, porque su esfuerzo y las horas trabajadas y los desvelos son genuinos —nadie dice que no—, suele poner las barreras más fuertes cuando se habla de racismo y de privilegios. Entiendo que se molesten luego de haber pasado por lo que les haya tocado o hayan buscado, cuando de pronto llega un prieto a decirles que sus logros no son producto solo de su esfuerzo, sino que en gran medida los consiguieron porque tienen la piel clara. Sin embargo, es verdad. Sé que les destroza la imagen que tienen de sí mismos, de personas echadas para adelante, que se hicieron a sí mismos y demás. Les duele, y lo sé porque me pasó lo mismo cuando me cuestioné.

¿Cuáles son sus privilegios además de ser blancos? Lo primero es que gozan de una inmensa riqueza cultural, que es haber estudiado en donde estudiaron y haberse codeado con la élite del país que sí tiene la vida resuelta. No es que los juzguemos por haber querido lo mejor para sus hijos, pero tampoco vamos a taparnos los ojos y pretender que no están en ventaja.

Y no, nunca he dicho que ostentar estos privilegios hace malas a las personas. Sin embargo, esta es una de las defensas más recias de la blanquitud. Muchos viven bajo la idea falsa de que hablar de racismo se ha convertido en un tema de buenos vs. malos. Por supuesto, nadie quiere ser el malo del cuento. El malo es el sistema y quien lo perpetúa de forma consciente. Sin embargo, si ya te diste cuenta de todo y buscas mantener privilegios y evitar que otros (que tampoco hicieron nada malo por nacer con opresiones) los tengan, ahí sí: vas por el camino equivocado.

MIS PROPIOS PRIVILEGIOS

Yo soy hombre, heterosexual, con estudios universitarios y mi profesión me otorga un nivel de exposición altísimo que, además, me ha llevado a conocer a personas con influencia no solamente en el mundo del cine, sino también en otras esferas de lo público y lo privado. Fuera de mi color de piel, que sin duda me ha afectado en mil y una maneras, estoy cubierto de capa sobre capa de privilegios. He escuchado un chingo de veces a la gente decir que me hago la víctima, que le quiero echar la culpa de mi color de piel a cualquiera de mis desgracias. No es cierto. Reconozco todos mis privilegios y cómo estos me han ayudado en mi carrera profesional y hasta en mi vida personal. Puedo decir que, arriba de mí en la pirámide de los privilegios podrías encontrar a un hombre blanco, porque la única diferencia con uno sería el color de piel.

Una vez, alguien se acercó a mí y me dijo: «No, Tenoch, no es que seas buen actor, es que eres hombre. Eres hombre, además, estereotipo de masculinidad y prieto». Reaccioné igual que cualquier persona blanca ofendida y dije no, váyanse a la chingada, yo no le quité la chamba a Martha Higareda o a Ludwika Paleta para volverme actor. Yo no fui a un casting en el que también estaban ellas u otras actrices y me lo dieron a mí. A mí no me pueden acusar de eso. Por fortuna, mi querida amiga Maya Zapata, que escuchó mi respuesta y mi indignación, me dijo con mucho amor, pero con toda la intención de darme de coscorrones (como siempre lo hace conmigo para corregirme), que me iba a explicar algo.

INT. SALA/DEPARTAMENTO — NOCHE

En el cuarto suceden varias conversacio-
nes a la vez. La mía es con un amigo también actor y estamos alejados del resto.
Además, la música se escucha por encima
de las voces de los invitados a la reunión. En cuanto me callo la boca para
darle un trago a mi bebida, siento una mano
en el hombro. Es MAYA.

                    MAYA
                (a TENOCH)
        A ver, chiquito, siéntate, saca
        tus crayolas y vamos a dibujar. Tú
        has hecho películas de personajes
    maravillosos, fregones, complejos, con
        historias profundas, inteligentes.
                ¿Estás de acuerdo?

                    TENOCH
                (muy serio)
                    Sí.

                    MAYA
        ¿Y quién escribió los guiones de esas
        películas y series? ¿Hombres o mujeres?

                    TENOCH
                Hombres.

MAYA
¿Quién dirigió las películas y series?
¿Hombres o mujeres?

TENOCH
Hombres.

MAYA
Y esos hombres que dirigieron fueron,
porque casi siempre lo son, los mismos
que escribieron los guiones, ¿cierto?

TENOCH
Sí.

MAYA
¿Quién produjo las películas y series?
¿Hombres o mujeres?

Ya mejor me quedo callado.

MAYA
En la mayoría de los casos, el
guionista y director la hizo de
productor, es decir, consiguió la lana
para hacer realidad la película o la
serie, ¿no?

La respuesta ya la sabemos los dos y sigo
en silencio.

MAYA

Este hombre todoterreno escribió un
personaje protagónico hombre y seguro
un antagonista hombre, además de otros
importantes que también eran hombres.
¿Cuáles personajes serán pues los más
complejos, profundos? ¿Crees que ese
hombre podrá escribir un personaje
femenino con semejante complejidad? ¿Le
será fácil entender lo que significa ser
mujer, sin importar la clase social,
la edad o el color de piel? ¿Sabe?

TENOCH

No.

MAYA

¿Cuántas guionistas, directoras y
productoras existen? Pocas. Por lo
tanto, ¿cuántos personajes femeninos así
van a salir? ¿Cuántos vemos en el cine
o en las series? Y de las que se
producen en el país, ¿en cuántas actúas?
¿Cómo crees que porque no hiciste un
casting junto a Martha Higareda te
libraste del privilegio de ser hombre?
Ella tiene que producir sus propias
películas porque, si no, no le tocan los
mismos personajes que a ti. ¿Y cómo
crees que le toca a Ludwika Paleta
cuando le dan papeles simplones de fresa

buena onda o villana millonaria? La
encasillan. Así como le toca a una mujer
prieta y racializada en un mundo como
este. No existen esas historias. Por eso
es que tú, Tenoch, tienes una carrera
chingona, con muchísima proyección, con
papeles maravillosos en puerta.
Las mujeres no.

Cuando ella me dijo todo eso, me di cuenta de que
yo estaba en una posición de privilegio y de inmediato
se derrumbó toda esa ilusión que me había construido
del esfuerzo, del trabajo, de la víctima racializada, de
haber venido desde abajo. Llegué al mundo de la actuación con el privilegio de haber nacido con un pene
entre las piernas y porque soy cisgénero y heterosexual.
¿Cómo explicarme que solo por tener pene había hecho
una carrera? Aquello me trastocó la identidad, la imagen que me había hecho de mí mismo, la historia que
me había contado. Así como le pasa a alguien que no
había reconocido sus privilegios. Es más, ahora que
escribo estas líneas, caigo en cuenta también de que por
ser hombre es que soy yo quien está escribiendo este
libro y no Maya.

Por supuesto que cuando un hombre escribe a los
personajes femeninos, lo hace con estereotipos: la guapa,
la tonta, la devoradora de hombres, la puta, la chica
cool, la santita, etcétera. Nunca son personajes humanos. Humanas. Así que fue mi amiga Maya la que me
hizo ver todo esto.

Lo mismo pasa con la blanquitud. Con todo y becas, tienes y tuviste privilegios. Con todo y que compartiste el coche con tu hermano (al menos tenías coche), gozaste de privilegios que otros no. Tu chamba es hacerte consciente de ellos y aceptarlos. Hablar de nuestros privilegios es también cuestionar cómo es que los obtuvimos y por qué los seguimos cuidando.

Hay que borrar el estigma de la palabra «privilegio» y entender que los tenemos y que no nos hacen malas personas. Es necesario que los redefinamos. También que, así como estamos muy al tanto de nuestras opresiones para darnos identidad y una lucha que podamos contar, hablemos de los privilegios que nos formaron y nos ayudaron a llegar a donde estamos. Lo que debemos hacer es ponerlos al servicio de la sociedad para que estos privilegios individuales se vuelvan derechos colectivos.

6
RACISMO
Y PODER

Hace poco descubrí un experimento social sobre la importancia del color de piel en el éxito. En este, eligieron a un grupo de participantes y les mostraron imágenes de hombres y mujeres exitosas en diferentes áreas: deporte, ciencia, política, negocios, academia, etcétera. Cada una de estas personas era morena, claramente prieta. Luego de ver las imágenes, les pidieron a los involucrados que identificaran el tono de piel de cada una en una escala Pantone. Los sujetos del estudio le atribuyeron tres o cuatro tonos más claros a cada uno de los individuos exitosos, sin importar qué tan morenos fueran. La relación de blanquitud y éxito está tan arraigada en la sociedad que cuando un prieto logra éxito o reconocimiento, el inconsciente les dice que no debe ser tan moreno o morena. Así como la mente completa palabras con dedazos en un libro, también blanquea de inmediato a quien ha logrado el éxito. ¿Cómo se ve el éxito y el poder? Blanco.

Cuando en los medios de comunicación se habla de la gente a la que le va de la chingada: pobres, drogadictos, criminales y demás, la imagen es la de un prieto o una prieta. Nadie que sea exitoso y, por ende, poderoso o poderosa puede ser de piel oscura. Por eso, en los comerciales de gobierno (sin importar el sexenio), los personajes que reciben asistencia social son morenos, mientras que los políticos que los ayudan y echan la mano en su infinita bondad, son blancos o morenos asimilados. Así que prieto es sinónimo de necesitado y cuando eres necesitado, muchas veces caes en la criminalidad. Creemos, de manera errónea, que el blanco no es criminal y que cuando usa su poder para atentar contra la ley merece menos castigo que una persona morena, como si la piel los justificara o redujera la gravedad de sus ilegalidades.

Cuando eres moreno, además de criminal en potencia, eres peligroso. Si te ven prieto, eres una amenaza, así como me pasó a mí en una ocasión.

Me invitaron a un festival fuera del país en donde se mostraría una de las películas en las que había trabajado. Cuando llegué al aeropuerto, me enteré de que la aerolínea había sobrevendido el vuelo y no me dejaron subir al avión. Yo había llegado poco más de dos horas antes por ser un vuelo internacional. Las reglas de la aeronáutica internacional dicen que los vuelos se cierran 45 minutos antes de la hora de despegue. Sobre esto las leyes son muy claras. Si has volado fuera del país, sabes que las mismas aerolíneas recomiendan llegar tres horas antes para evitar cualquier eventualidad, como filas a la hora de registrarse o al documentar maletas. Sin embargo, por ley, deben dejarte documentar y subir al avión 45 minutos antes del despegue.

Dos horas antes de la que aparecía en mi boleto, me formé para documentar mi maleta, justo donde los empleados me indicaron, luego de preguntar. Como también pasa seguido, los mostradores eran un caos —más en el aeropuerto de la Ciudad de México— y después de estar formado una hora, busqué a uno de los empleados de la aerolínea y le pedí que me dejara pasar al mostrador, dejar mi maleta y cruzar a las salas de espera porque, si no lo hacía en ese momento, no iba a alcanzar mi vuelo. "No, aquí espérate", me dijo.

Para cuando llegué al mostrador, me informaron que el vuelo había cerrado y, por supuesto, yo ya no podía pasar.

—¿Cómo que cerró? Llevo una hora aquí en la fila, a unos metros de ti, porque uno de tus compañeros me dijo que tenía que seguir en la fila —le dije, algo molesto, pero todavía con compostura porque ya sé cómo son las cosas.

—No, el vuelo ya se cerró. Tenías que haber llegado tres horas antes. Deja pasar al que sigue, por favor —me contestó la persona detrás del mostrador.

—Llegué con más de dos horas de anticipación, ¿cómo es posible que no pueda pasar? —le dije.

Me hice a un lado y llamé por teléfono a una amiga que trabaja en una agencia de viajes en Estados Unidos, y me envió los reglamentos, las leyes internacionales, además me había subrayado los artículos en los que se especificaban los 45 minutos. Luego volví al frente de la persona para decirle que por ley debían dejarme cruzar a las salas de espera y abordar su avión.

Luego de insistir, la persona siguió firme. No. No. No.

—Todavía puedo subir, falta una hora, ni siquiera estamos cerca de los 45 minutos que estipula la ley —le dije con muchísima calma, a sabiendas de que yo, por mi condición de prieto, no puedo gritar, levantar la voz y exigir. Mucho menos hablar con malas palabras, sin importar el abuso o el maltrato que la otra persona ejerza.

—Lo siento, el vuelo ya cerró.

—¿Por qué me pidieron entonces quedarme en la fila hace una hora? Pude haber pasado con toda tranquilidad.

Por dentro me sentía encabronado. Por fuera seguía mostrándome amable porque, de otra forma, hubiera podido ser visto como peligroso, como amenaza.

—Por favor, ¿puedes llamar a algún gerente o supervisor? Quizá no sea cosa tuya, pero esto no es posible y necesito subirme a ese avión. Además, como puedes ver, es mi derecho según las leyes internacionales.

La persona detrás del mostrador sí llamó a alguien, pero no a un gerente ni a un supervisor, sino a la policía federal. En apenas unos segundos, llegaron cinco policías federales, me rodearon, haciendo una suerte de jaula humana y desabotonaron la funda de sus pistolas. No las sacaron porque, en ese caso, ellos habrían sido una amenaza para mí y otras personas y los metería en problemas, pero sí pusieron las manos sobre las cachas. Eso sí, a mí me dijeron con ese gesto que, si no me quedaba callado, tenían ahí la fuerza para aplacarme. Yo sabía esto porque para una película tuve que graduarme de la escuela de policía. Eso que hicieron es una técnica disuasiva. No fue una acción fortuita por parte de los cinco hombres que me rodeaban.

Por entre dos de los hombres, vi el rostro de la mujer del mostrador que los había llamado y le pregunté desde lejos por qué había llamado a la policía si yo solo le había pedido hablar con un gerente. En lugar de responderme, solo dio media vuelta y me dejó de poner atención. La seguí llamando, pero ella hacía como si yo no existiera detrás de esa barrera de policías. En algún momento (todo eso duró apenas unos segundos, aunque lo sentí eterno) salió quien

pensé que era uno de los supervisores y a
él también lo llamé, pero este, como la mujer, me ignoró de forma olímpica cada que yo
los busqué por entre los policías, quienes,
con cada intento, se cerraban para evitar
que pudiera seguir llamando a los empleados
de la aerolínea. Ya para ese entonces le
habían pasado el problema a las autoridades
y ellos no querían ni tendrían que lidiar
conmigo. Por supuesto, yo seguía con el
tono amable, aunque firme, para evitar que
los cinco oficiales se me echaran encima y
también para darles a entender que yo no era
el problema, diciéndoles que lo único que
quería era ejercer mis derechos de cliente
y quejarme porque me habían cerrado el vuelo en obvio incumplimiento de la ley. Eran
ellos los que estaban rompiendo con las reglas. Yo no.

A pesar de lo anterior, de que ellos eran
los que hacían lo incorrecto, terminé encap-
sulado por cinco policías federales y con
la amenaza de ser agredido sin que hubiera
levantado la voz. Aunque te suene increíble,
apenas llegamos al clímax de la historia.

Pasaron otros dos, tres minutos más, cuando llegó una señora al mismo mostrador. Era
la típica señora que te viene a la mente si
digo que era copetona de las Lomas: blanca, hegemónica, ataviada con joyas, y con su
acento fresa y casi a gritos, dijo:

—A ver, ¿en dónde está el pendejo del
gerente, pinche gata! Me le llamas ahorita mismo, cabrona —le dijo al tiempo que le
tronaba los dedos, a espaldas de los policías federales con las pistolas listas para
usarse, aunque para ella los oficiales eran
los invisibles.

Los policías no reaccionaron.

—Me le llamas al gerente, gata. ¡A mí no
me van a cerrar el vuelo, bola de muertos
de hambre! ¡Me va a escuchar el pendejo! ¿O
quién se cree? ¿Quién cree que es ese pinche
indio?

Mientras esto sucedía, yo seguía siendo
la amenaza principal. Yo, que ya había dejado de quejarme, de hablar, porque la señora
aquella estaba robándose el momento con sus
gritos, con sus insultos y con su sentido
de derecho a que todos la escucharan y se le
arrodillaran. Como ya habrás imaginado, el
gerente no solo respondió de inmediato a los
gritos, sino que además, se disculpó con
ella, la pasó a una sala VIP, y le ofreció
algo de tomar. La misma empleada que a mí
me había dejado de hablar y que escuchó cómo
dos veces la llamaron "gata" fue a buscar una
copa de champaña (o eso creo que era, algún
vino espumoso). Piensa en la imagen: por un
lado, ella, la señora parte de la clase dominante, adueñándose del espacio y doblegando a
los representantes de la principal aerolínea

del país porque le habían cerrado el vuelo; por otro, yo, un hombre prieto que nunca levantó la voz a pesar de ser víctima del mismo abuso, pero rodeado de policías listos para darme un tiro si se me ocurría dar un paso en falso.

El mal servicio de la aerolínea y el desacato de las leyes no fue nada para ella fuera del disgusto, mientras que a mí me pudo haber costado la libertad o, si no me controlaba o si se me ocurría reaccionar como ella, una buena madriza o la vida. A los ojos de los representantes de la aerolínea y de la autoridad, éramos clientes diferentes.

Ese es el tipo de racialización que sufrimos los prietos y, de nuevo, ni siquiera fue un ataque directo por parte de la blanquitud. A mí lo que me atacó ese día fue el sistema, el racismo como ente que domina nuestras interacciones y la manera en que somos vistos ante la ley. Los encargados de perpetuar el sistema racista de nuestro país en esa ocasión no fueron personas blancas, sino otros morenos como yo, que crecieron, como todos, víctimas de ideas y mitos que afectan a un grupo en beneficio de otro.

Si tomamos todo lo anterior en cuenta, suena lógico que en México el poder, el control, siempre se ubique con la élite o el grupo dominante. Como si fuera derecho divino. Esto no solo sucede en el día a día, sino también cuando se habla del poder oficial. Si haces un recuento de los candidatos y candidatas a los puestos políticos más importantes, te darás cuenta de que son blancos o morenos bastante asimilados a la blanquitud. No solo eso, sino que muchos de ellos son parte de familias que, sin contar con un cargo público que les dé poder, ya son pertenecientes a la élite de sus estados: piensa en las familias de Nuevo León, de Guadalajara, de Guanajuato y demás estados. Es bastante común asociar los apellidos con la blanquitud y, además, muchos de ellos son de origen extranjero, pues son descendientes de generaciones de migrantes europeos que llegaron al país para, a veces de inmediato, a veces luego de unos años, detentar el poder que les confería su color de piel sobre un país predominantemente moreno.

Por supuesto, cuesta trabajo mantener el poder y no soltarlo. Se necesita de un chingo de ingenio para hacerlo. Podría contarte cómo es que, a través de los años, el grupo dominante lo ha logrado, cómo unos se hermanan, se asocian y se casan con otros para quedarse en la cúpula y para, además, distanciarse más de todos los que nacimos abajo. De cómo diseñan políticas públicas que los favorecen y joden más a otros. De cómo la política ha tratado de cobijar bajo su paraguas el poder empresarial, el de los medios de comunicación y el de la intelectualidad, como si fueran fuerzas que compiten y pelean entre sí: los empresarios contra el gobierno, los medios contra el gobierno, los intelectuales contra el gobierno, cuando en realidad todos son parte de la misma élite. Mejor, te voy a compartir esta historia —podría ser divertida o una tragedia, depende de cómo la quieras ver— que me contó una amiga psicóloga para que entiendas cómo funciona la cadenita del privilegio y del poder en el país y cómo son ellos, quienes hace muchos años fueron los salvajes y llamaron a los pueblos indígenas salvajes, quienes hoy son los criminales que llaman criminales a los prietos a quienes explotan.

Érase una vez, hace 20 años, una ONG que se dedicaba a crear conciencia y luchar para apoyar la detección del cáncer de mama. Esta organización consiguió un donativo para realizar un evento de concientización y de comunicación sobre este padecimiento. La señora directora de la organización, una mujer parte del grupo dominante, fue quien pidió y encontró este dinero que les ayudaría a seguir con su lucha. Sin embargo, quizá por sus múltiples compromisos, ella no podía ir por este donativo que sería entregado en forma de un cheque mágico. Por fortuna, una de las lacayas prietas (mi amiga) estaba al servicio de su organización y a ella le dieron el honor de lanzarse a recolectar los 10 millones de pesos. La persona que haría este donativo era un señor noble, empresario importante, tío de la señora directora de la ONG. Esta casualidad, sin embargo, no es la primera de la historia, sino la segunda. La primera fue que su sobrina dirigiera una ONG, pues el señor debía pagar impuestos en nombre de su empresa y el gobierno permitía hacerlo a través de donativos, como a las organizaciones de su sobrina, que se comprometen con esto a ofrecer algún servicio que el Estado no tiene capacidad de proveer.

Cuando la lacaya prieta llegó a la oficina del tío, se encontró con que nadie quería atenderla: la mandaban a un lado, luego a otro, con una persona y una más. Esperó más tiempo del que imaginaba y, cuando entendió que nunca la iban a atender, decidió llamar a su ONG. Cuando se enteraron, apurados todos por recibir el donativo, llamaron a la empresa y les pidieron atenderla. Apenas terminó la llamada, mi amiga por fin pudo entrar para recolectar el cheque mágico que habría de llevar de vuelta. Ya del otro lado, le ofrecieron una copa de champaña (que según me contó era riquísima y además mareadora) y algo de comer. Ahí esperó otro rato más. Por fin, luego de un tiempo, pasó a ver al tío en persona. El noble empresario sacó su chequera, llenó el cheque mágico, se lo entregó y le deseó un buen viaje.

De vuelta en la ONG, mi amiga la lacaya le entregó a la directora el donativo, pensando que su papel dentro de la odisea del donativo mágico había terminado. Sin embargo, la señora directora le dio otra encomienda, que es la tercera casualidad del cuento de hadas: ponerse en contacto con su hermana —que vivía en Nueva York y era artista plástica y diseñadora— para acordar la fecha en que viajaría a México, con el fin de organizar

y diseñar el evento que se pagaría con los
fondos del cheque mágico. ¡Esto era ya ma-
teria de cuento de hadas! La vida de estas personas de verdad estaba salpicada con polvos
mágicos. Casi de inmediato, durante la llamada y luego en la comunicación que siguió,
se dio la cuarta casualidad: la tarifa de la
hermana neoyorquina, con gastos y demás, era
justamente de 10 millones de pesos. La misma
cantidad escrita en el cheque. Ya me imagino
lo afortunada que se sentía mi amiga de ser
parte de esta historia.

El evento sucedió como estaba previsto,
aunque a mi amiga se le hizo raro que algo
tan sencillo como un curso de autoexplora-
ción para detectar un posible cáncer de mama
costara 10 millones de pesos, pero, bueno,
quizá ella no sabía cuánto valían las cosas.
Según me contó, se montó una carpa bonita y
muy grande, sillas en medio de un decorado
artístico y muy chic, además de una exposición de arte que no parecía cumplir un fin
específico, todo como escenario para que las
señoras asistentes, a quienes invitaron de
último minuto, pudieran convivir y consumir
el banquete de caché que habían contratado.
No esperaba la lacaya de mi amiga que, además
de lo que ya había hecho, le dieran la oportunidad de seguir participando en el cuento
de hadas. Fue ella quien, gracias a su experiencia, porque lo había hecho antes, dio el

mismo curso que hacía en otros lugares mucho menos elegantes, la exploración casera de senos para detectar cáncer. De todas formas, el curso fue lo de menos, pues era bastante básico y duró apenas unos minutos. El resto fue la plática en aquel escenario de ensueño.

Si esto te parece un final feliz para el cuento de hadas, el epílogo es todavía más maravilloso.

El tío que había donado los 10 millones de pesos para organizar el evento no quedó en el olvido, pues tan noble acción merecía una recompensa. Para conseguirla, el empresario buscó al gobierno y les contó de su contribución, de cómo había firmado el cheque mágico para la ONG en lugar de dárselos a ellos en forma de impuestos. Por supuesto, el SAT le reconoció el gesto y le dijeron que lo tenían registrado, que no se preocupara, pues con ellos esa deuda se había esfumado. Sin embargo, en el mes reciente habían pagado insumos que habían generado IVA, y el tío les preguntó: "¿No es esto una doble tributación? ¿Cómo es posible que, encima de donar 10 millones, deba pagar impuestos sobre mis gastos? ¡Estos sirven para generar empleos!". El equipo de contadores del tío sacó sus calculadoras y llegaron a la conclusión de que el gobierno salía debiéndole dinero al empresario. El SAT, consciente de esto, le devolvió otros tantos millones de pesos al final del año.

Esta familia, el tío y las sobrinas, son los protagonistas de este cuento de hadas porque el tío debía pagar 10 millones de pesos en impuestos, pero se los donó a su sobrina directora de la ong y contrató a su hermana para organizar el evento que costó 10 millones de pesos; como el tío también pagó iva por todos los insumos y sueldos de su empresa, entonces recibió una compensación millonaria por parte del Estado, y todo en el marco de la ley que hicieron los legisladores y el presidente que él había "ayudado" a llegar al poder. El dinero quedó en familia y, como la ong fue quien usó y pagó esos 10 millones, pues no generaron nuevos impuestos. Así es como se lav... perdón, se genera riqueza en este país de nunca jamás.

Este es el cuento de hadas de la élite mexicana. Es el cuento del éxito. Son las historias con finales felices que le suceden a un grupo en detrimento de otro. Por eso, cuando eres parte del grupo dominante y te ocurren casualidades increíbles, llenas de cheques mágicos y de contratos también mágicos, es muy fácil y entendible ver que se pongan chamarras que en la espalda lleven la leyenda MEXICO IS THE SHIT. Pues sí, así México sí está a toda madre.[2]

---

[2] Esta historia es real, pero cambié ciertos hechos para no arriesgar la chamba de quien me lo contó.

La ironía es que los crímenes dentro del marco de la ley, como el del tío, la sobrina y la charla con banquete, no son los únicos que se dan en nuestro país. El crimen organizado se ha mezclado todavía más (o de manera diferente) con las élites políticas y económicas. Para la blanquitud no es suficiente «acomodarse» las leyes a su antojo, porque las que no pueden diseñarse a su modo las incumplen y listo. En un principio, el narco trabajaba para los políticos y empresarios; después, los políticos y empresarios empezaron a trabajar para el narco. Hoy, los políticos y los empresarios *son* narcos, *viven* en el crimen organizado. Los hijos de las cabezas del crimen organizado ya van a escuelas privadas para después meterse al mundo de los negocios o de la función pública. Queda claro que las élites en este país, en su mayoría blancas, se mezclaron con ellos. El crimen y la blanquitud ya en muchas ocasiones son lo mismo.

Se dio un proceso de blanqueamiento que está documentado. Al resultado de esta evolución se les llama «narcojuniors», es decir, personas que tuvieron una infancia rodeada de opulencia debido a que sus padres o abuelos se empoderaron gracias al narco, pese a provenir de contextos de carencia, del campo o de la periferia de la ciudad. Estos narcos blanqueados gastan millones de dólares en ropa, en coches, en joyas, en mandarse a componer sus corridos, en fabricar ametralladoras de oro, entre muchísimas otras cosas. Nunca les faltó nada y ahora continúan con el negocio —desde la blanquitud— y están emparentados con las élites locales, estatales, nacionales y con gente de la farándula. Es fácil encontrar y leer decenas de artículos que hablan de todas las actrices, actores, *influencers* y demás que están emparentados con el crimen organizado de alguna manera. De nuevo: todos bajo el manto de la blanquitud. Si no te suena ninguno, ahí tienes el caso de una famosa conductora de televisión y su esposo, culpables de lavado de dinero. La «gente bonita» y «bien» de la revista *Hola* (ella ha aparecido en la portada) lavando dinero del narco o de políticos asociados al narco, siendo viles y asquerosos rateros. Lo gracioso es que luego, a la hora de producir series y películas que terminan influyendo en el imaginario social, si eres blanco no les suenas a criminal. Por supuesto que el sistema del racismo también toca al crimen organizado.

¿CÓMO PODEMOS COMPARTIR EL PODER?

Durante mucho tiempo, yo pensé que equilibrar la balanza en los puestos de poder era inútil. No porque creyera, claro, que no debiera existir representación igualitaria en cuanto a género e identidad, sino porque en realidad no era la forma de resolver el problema, que además era una manera de no jugar limpio. Es decir, no podía entender que a una persona, por factores ajenos a ella como el color de piel o género, le dieran un trabajo o una beca. Yo abogaba solo por la igualdad de oportunidades y listo. Pensaba como mucha gente que se encuentra en una posición de privilegio: «Ay, claro, le dan el puesto por ser negro o negra», «Le dan el puesto por ser mujer». Eso sin darme cuenta de que toda la vida ha sucedido lo mismo, pero al revés. Toda la vida les han dado trabajo a personas que encajan con el perfil de las empresas, por ejemplo: ser de piel clara o ser hombre. Durante muchísimos años y hasta la fecha, algo que se ha estudiado y comprobado hasta el cansancio, empleadores en todo el mundo y también en México contratan sí por el color de piel y sí por el género. Contratan por la apariencia de una persona. El problema es que ya lo hemos normalizado y por eso no lo vemos. Cuando se empezó a proponer lo opuesto, a mí me pareció escandaloso, un horror. ¿Cómo era algo justo el hecho de que existieran cuotas en empleos, escuelas e instituciones?

Las cuotas son una de las posibles soluciones a los diferentes tipos de discriminación que han existido en nuestra historia. Podemos entenderlas como una forma de discriminación positiva (*affirmative action*, como lo conocen en inglés): se filtran candidatos y candidatas según la discriminación negativa que han sufrido históricamente para poco a poco ir nivelando la balanza y aumentar el nivel de representación de minorías, grupos marginalizados y mujeres en puestos políticos, educativos y en la iniciativa privada. Estas acciones son, para los grupos dominantes —gente blanca, de dinero y hombres—, una brutalidad y una injusticia muy cabrona. Sin embargo, esto nadie se lo sacó de la manga y tiene toda una lógica detrás. Te lo explico con un ejemplo muy claro.

Mi hermana jugó futbol americano toda su vida. Fue la primera mujer mexicana que jugó de forma profesional en Estados Unidos. Aunque, lejos de lo que pueda pensarse, no vivía de eso; de hecho, trabajaba de plomera para vivir y practicar su deporte. En aquel entonces, aquí en México no había ningún espacio para que las mujeres practicaran este deporte con casco y hombreras, en regla, solo podían practicar la variante que se conoce como tochito bandera, un juego sin contacto.

Cuando regresó al país, por fin había empezado el cambio en el futbol americano y ya se habían jugado una o dos temporadas con equipos de mujeres completamente equipadas. Era el deporte tal como lo habíamos jugado los hombres durante años. Como eran apenas los inicios, las chavas eran inexpertas. Si acaso se podía encontrar una o dos con un nivel más o menos bueno por equipo. Un par de años después ya era posible ver cuatro o cinco en cada equipo que se movían mejor, como veteranas del deporte. Conforme fueron pasando las temporadas, la cantidad de mujeres que jugaban a un nivel competitivo iba también en aumento. Sin embargo, había pocas mujeres jugando en comparación con la cantidad de hombres, así que los equipos de ellas no podían separarse por edades y peso —algo necesario para evitar lesiones— porque en ese caso no se completaban.

El motivo por el que al principio no se veían jugadoras hábiles era porque nunca se habían acostumbrado a los deportes de contacto. No jugaron desde niñas. Por lo tanto, les fue tomando algunos años ir amoldando el cuerpo, desarrollando habilidades para este deporte. Además, muchas comenzaron a jugar en sus años veinte o treinta, cuando estas habilidades deportivas ya se habrían desarrollado en los hombres.

Con esto que te conté, vamos a hacer un ejercicio. Digamos que un entrenador de futbol americano decide armar un equipo nacional mixto para ir a competir a un torneo internacional. Para entrar al equipo, se organiza una semana de pruebas, en las que se evaluará condición física, fuerza, capacidad para tirar la pelota, bloquear, taclear y correr, capacidad para leer ofensivas y defensivas, entre otros criterios. Cuando sale la convocatoria para competir por los puestos, se crea una gran polémica porque los entrenadores, desde un inicio, han dicho que el equipo estará formado de forma equitativa: mitad hombres, mitad mujeres.

Quienes comenzaron la polémica dijeron que, si es una selección nacional, deberían reunir a quienes tengan más talento, sin importar su género. ¡Eso sí que sería igualdad! Esta es la base de la meritocracia: avanza quien reúna más méritos. Para ver que la meritocracia es un mito, vamos a imaginar una de las pruebas para entrar al equipo. Frente a frente colocan a una mujer de 34 años, adulta, y a un chavo de 17. El chavo llevará el ovoide y ella tiene que intentar taclearlo. ¿Podrá lograrlo la mujer adulta? ¿O podrá pasar por encima de ella el chavo que apenas dejará la adolescencia? Vamos a ver primero el pasado de ella.

La mujer ha jugado futbol americano durante un año, es decir, empezó después de los 30. Esto porque desde niña le dijeron que no podía jugar deportes de contacto porque esos eran para los niños. No podía subirse a los árboles, no podía revolcarse porque llevaba vestidos, entre otras restricciones que no le permitieron fortalecer habilidades físicas durante su vida. El chavo, sin embargo, ha jugado deportes toda su vida, como yo, que comencé a jugar desde los cinco años, y lleva 12 años de experiencia, 12 temporadas jugando un deporte de contacto y de alto rendimiento. No solo sabe, casi por instinto, cómo plantarse antes de golpear con sus hombreras, cómo posicionar la espalda, los brazos y empujar con las piernas, sino que sus músculos y huesos están curtidos por los años de contacto. Los huesos de un deportista de este tipo son más densos porque han ido sufriendo miles de microfracturas que destruyen los poros sin lastimar a la persona y que, al repararse, vuelven con más fuerza. ¿Quién crees que vaya a quedarse con ese lugar en el equipo nacional?

Para que una mujer consiga un puesto, tendría que hacer un esfuerzo extraordinario, ser la mejor de su género por mucho, haber superado muchos obstáculos impuestos desde pequeña solo por ser niña. Tendría que ser un fenómeno. Tendría que luchar contra los años que un hombre sí practicó el deporte. Tendrá que luchar contra ese cuerpo ya curtido.

El chavo las lleva de ganar solo por ser hombre. No es necesario que haya sido extraordinario, únicamente le hace falta haber practicado ese deporte. Para él es un ejercicio más, una prueba más. Para ella es ir contra él y contra tantos años de diferente crianza y opresiones.

Si el entrenador no hubiera decidido que el equipo se dividiría entre hombres y mujeres por igual, todos los seleccionados habrían sido hombres y se hubiera podido respaldar con el hecho de que se celebró una semana de pruebas en donde todos tendrían la misma oportunidad de competir. Si no hubiera decidido darles la mitad de las plazas a las mujeres para que poco a poco estemos en igualdad de circunstancias, ¿cuántas temporadas les hubiera tomado a ellas o al menos a una de ellas formar parte de la selección nacional?

Si la mitad es de mujeres y se les da el suficiente tiempo, experiencia y entrenamiento, al paso de los años y las generaciones, las mujeres igualarían y hasta podrían superar a los hombres, cosa que de otra manera sería imposible por no haber espacio ni oportunidad.

En un sistema racista sucede lo mismo. En Estados Unidos es muy común que los comités de selección de las universidades sigan un proceso de cuotas, en el que asignan lugares en los diferentes programas a personas de minorías y grupos marginalizados desde un inicio. Por supuesto, eso quiere decir que no aceptan a los mejores promedios y currículums cada año, sino que más bien aceptan a los mejores luego de haber filtrado según perfiles de discriminación. ¿Cómo es que llegaron a esto?

Luego de que en el país terminara la esclavitud como la conoces, es decir, la posesión de personas negras por terratenientes blancos con el fin de que trabajaran para ellos sin paga, el sistema racista que sigue vigente allá tomó otras formas. Para seguir segregándolos e impedir que tuvieran acceso al mismo nivel de vida que la gente blanca, desde las cúpulas se encargaron de diseñar todo tipo de leyes. Un ejemplo son las de vivienda para limitarles créditos hipotecarios. Estas restricciones hacían que menos personas negras fueran dueños de sus casas y pagaran rentas altas en ciertas zonas. Si a eso se le suma que eran discriminados de muchísimos empleos, es fácil darse cuenta de que su ascenso se veía más que complicado. ¿Qué tienen que ver las universidades en esto?

En Estados Unidos, las escuelas públicas reciben fondos del gobierno según la cantidad de impuestos que paga la gente que vive en una zona determinada. Si es una zona rica (de gente blanca) los impuestos destinados a la educación pública son mayores y, por lo tanto, las instalaciones, maestros, tamaño de los grupos y demás son de primer nivel. En una zona pobre (de gente negra y latinoamericana), en donde se pagan menos impuestos porque los sueldos son menores, las escuelas reciben menos fondos, son pequeñas, con grupos enormes, maestros menos preparados y con sueldos inferiores, etcétera. Cada año, cuando miles y miles de alumnos terminan los 12 años de educación pública y solicitan plazas en las universidades, los alumnos que vienen mejor preparados de toda la vida, porque desde la primaria o incluso antes recibieron más atención y actividades extracurriculares, culturales, deportivas y demás, son los que presentan los mejores promedios. Por lo tanto, ganan muchas más plazas en todo tipo de universidades. Luego, cuando se gradúan, consiguen mejores trabajos, con mejor paga. Además, como sus papás vivieron lo mismo, heredan casas, terrenos y otros bienes que les permiten seguir construyendo riqueza y perpetuar la «desigualdad racial». ¿Cómo se va a cambiar ese patrón si, en teoría, las universidades son «justas» haciendo competir en el mismo juego y con las mismas reglas a todos?

Así es como se inicia con la idea de la discriminación positiva y de las cuotas para darles una oportunidad a todos. No quiere decir que el objetivo de las cuotas sea seguir para siempre, sino hasta que se consiga tener un piso parejo.

Ese es, en unas pocas líneas, el caso de un país. Sin embargo, cada uno tiene sus propias particularidades, aunque la mayoría cuente con minorías y grupos marginalizados. ¿Cómo te lo imaginas en México? ¿Cómo imaginas que este piso desigual perpetúa el poder de los mismos de siempre sobre los mismos de toda la vida?

Aquí tenemos a morros que salen de escuelas de élite, cuyos papás, familiares y amigos cercanos detentan los puestos de poder e influencia en todos los ámbitos, así que a ellos les toca tomar los que vayan dejando o acceder directamente a trabajos bien pagados. Eso no demerita el esfuerzo de estos chavos en la universidad o en algún posgrado, ni hago de menos las horas que se hayan desvelado para terminar una tesis, pero es cierto que cuando salen, llegan en una posición muy cercana a la cima del poder público y privado y que son parte de un porcentaje pequeñísimo. Además de que, para estar ahí, su esfuerzo fue ordinario, es decir, no tuvieron que ser genios, ni uno en un millón para estar a la cabeza de empresas e instituciones. En cambio, una persona prieta, que no estudió en una escuela de élite, que no es parte de la blanquitud y del pequeño porcentaje con privilegios, si quisiera llegar al mismo puesto, tendría que esforzarse cien o mil veces más que el tipo de morro del que hablé al inicio del párrafo. Por eso mismo, es imposible hablar de igualdad de oportunidades.

En el país han logrado cerrar los caminos de movilidad social. Son grupos cerrados, con disponibilidad solo para quienes pertenecen al grupo dominante o quienes hayan decidido asimilarse a él; para quienes hayan tomado la decisión de blanquearse socialmente y ser partícipes de sus usos y costumbres.

Todo el sistema funciona para que, sin que nos lo digan de forma directa (aunque sí lo hacen), los prietos pensemos que no servimos para gobernar. ¿Cómo, si todos los ricos y políticos son blancos? Si en teoría tenemos las mismas oportunidades, ¿por qué solo los blancos y blancas están arriba? Seguramente debe ser porque ellos están equipados, preparados, biológicamente, divinamente, para estar arriba y a nosotros, los prietos, un dios o el universo nos ha dejado aquí abajo. La hegemonía cultural de la clase dominante exige que las posiciones de poder e influencia estén ocupadas por miembros de la élite o gente que se les parezca. Así, los gobernados creerán que ellos y únicamente ellos saben y deben gobernar. Casi la totalidad de los conductores de noticias en la televisión mexicana son blancos o de piel clara porque el mensaje es muy claro: la verdad solo pude ser pronunciada por unos labios blancos.

7

LA REPRESENTACIÓN EN EL ARTE Y LOS MEDIOS DE COMUNICACIÓN

«Se ve muy mexicano». ¿Cuál es la primera imagen que te viene a la cabeza cuando lees estas palabras? No solo es verse mexicano, sino «muy mexicano». Quizá por mexicano entendamos a una persona con el pelo oscuro y la piel morena, pero una persona «muy mexicana» es aquella con un tono de piel más oscuro, de un moreno profundo, un prieto que además es de rasgos indígenas. Esas cuatro palabras me las dijo un muy buen amigo que trabajaba en una compañía de búsqueda y contratación de talento luego de preguntarle por qué siempre me llamaba para audiciones de papeles de jodido, sufridor o ratero. Si verse mexicano es negativo, «muy mexicano» es peor, así que, todo aquello que se aleje de lo «muy mexicano» será mejor, ¿no?

INT. CAFÉ EN LA
CIUDAD DE MÉXICO — DÍA

Del otro lado de la mesa, mi AMIGO y experto en casting para todo tipo de producciones me ha terminado de contar sobre un nuevo papel que tiene para mí.

Le doy un trago a mi café, una mordida a mi pan, me recargo en la silla y le digo entre risas, pero también algo indignado:

TENOCH
¡Cabrón! Siempre me buscas para
papeles así y te puedo garantizar
que soy de los pocos actores que han
estudiado dos carreras.

Pienso que, a pesar de que estudié periodismo en la UNAM, además de mi formación como actor, parece que yo solo puedo aspirar al mismo tipo de papel: criminal.

AMIGO
(tajante)
Es que es para lo que te piden,
Tenoch, es porque eres moreno, ya te
sabes ese cuento.

TENOCH
¡Güey, pero tú eres mi amigo!
No me digas eso. No tú. ¿Cómo es
posible que tú me salgas con eso
y me trates así?

AMIGO
Es precisamente porque soy tu amigo
que te lo digo. ¿Sabes cuántas veces
he dado tu nombre para un papel de
chavito fresa o de estudiante o
profesor de universidad? Hasta de
mirrey te he tratado de vender. Las
cuento por cientos, Tenoch, pero
siempre me dicen lo mismo:
«Ay, es que se ve muy mexicano».

¿Recuerdas que dije al principio del libro que el principal problema de México es que no nos queremos? ¿Por qué
carajo «se ve muy mexicano» sería algo negativo? Por
supuesto, los productores le decían esas cuatro palabras
como un eufemismo más bonito de «está muy prieto».

Luego de decirme eso, me contó que, también miles
de veces, había propuesto actores y actrices blancos y

blancas para papeles de barrio, de ladrones, violadores, pero con el mismo tonito bienintencionado le respondían: «Uhm, ¿no te parece que se ven como muy bien para eso?». Escuché eso y me quedé sin palabras.

Claro, si pensamos eso es porque lo vemos y escuchamos en los medios de comunicación. Lo vemos en las películas con personajes que son criminales o violentos, pero también lo escuchamos de las personas que aparecen en la televisión mexicana reforzando todas estas ideas.

¿Alguna vez has escuchado la palabra "chacalón" (o "chacal")? Aquí en el país es común usarla para etiquetar a una persona, hombre por lo general, moreno, de clase baja, atractivo, dominante en lo sexual, cachondo las 24 horas del día, violento incluso, y con tendencias criminales o malandras, un mano larga, un vividor, etcétera. Es un fenómeno bastante parecido a la erotización de la gente negra en Estados Unidos o en el mundo, según la cual se percibe a las mujeres negras como hipersexuales, calientes y dispuestas a todas horas. A los whitexicans les gusta la idea del "chacalón" o de la "putipobre", una mujer fogosa y morena proveniente de la clase baja. Les encanta porque, para ellos, es la manera en que descargan un montón de represiones sexuales, porque no esperan lo mismo de un amante prieto que de un amante blanco. Claro, este último, aunque lo imagine aburrido, será con quien podrían emparejarse y crear un proyecto de vida. El primero, por el contrario, representa una aventura, un cogidón, como si los prietos fuéramos un objeto cuyo único fin es darles placer sin culpa y con quienes podrían, y por considerarnos de cierta forma unos salvajes, dar rienda suelta a sus pulsiones. Como si se sintieran con el derecho de poseer ese cuerpo. De nuevo, lo mismo pasaba con los terratenientes estadounidenses con sus esclavas. Muchos de ellos preñaron (como si de animales se tratara) a miles de mujeres negras y luego no reconocieron a esos hijos e hijas.

A mí también me han exotizado y puesto la etiqueta del "chacalón". Hace tiempo, mi hermana me contó que una conductora famosa, parte del talento principal de Televisa, había hablado de mí en uno de los programas que conduce. Dijo que yo era un hombre muy atractivo, pero que era demasiado "chacalón" para ella. Me gustaría decir que una mujer como ella me considerara guapo era un halago, pero la verdad es que lo dijo como un insulto. Lo curioso, o lo irónico, más que su comentario, es su manera de darle valor a una persona, sobre todo en su caso, porque los hombres con quienes se ha relacionado se han visto señalados por crímenes serios. Un criminal de cuello blanco está bien para una persona que se adhiere a los principios de la blanquitud. Una persona blanca con una moral cuestionable es aceptable, pero una persona prieta nunca. Yo era "chacalón", pero los criminales con los que ella se empareja no lo son.

Por desgracia, lo que consideramos como bello y, por ende, virtuoso y lejos de lo criminal está conectado de forma directa con los parámetros de Occidente. Por ejemplo, el ideal de belleza de mujer es blanca, de rasgos «finos» (porque lo europeo es fino y lo negro es tosco), porque tiene que ver con lo refinado, con el buen gusto, y a su vez con lo estético, bello; a secas: lo bueno. Esto se contrapone con lo tosco, desaseado, bruto o incluso animal que significa todo lo no blanco. Los atributos que en el mundo se entienden por bello son inherentes a la blanquitud.

Estos rasgos vienen de la Grecia antigua, de las imágenes inhumanas de Zeus y otros dioses de la mitología. El origen helénico de la belleza fue tomado por las culturas europeas que luego propagaron por todo el mundo cuando se convirtieron en la cultura dominante. Si bien de origen no eran blancos al cien por cien, decidieron blanquearse, así como decidieron que para los católicos Jesucristo era blanco y de ojos claros, cuando sabemos que era moreno y palestino.

Los rasgos físicos estaban bien definidos: la forma de la cabeza y de la nariz, la posición de los ojos y el grueso de los labios. La altura en general. Al decidir que era este el ideal de belleza, todo aquello que se distanciara de la fórmula sería considerado una aberración, inhumano incluso. La gente originaria de Asia, África y América quedó, pues, excluida de la belleza.

Con los años, el grupo dominante ha establecido unos estándares de belleza inalcanzables para la gente de piel oscura, pues no importa qué tantas dietas, cirugías o compras hagamos: el color de la piel no cambia. O bien, ¿cómo vamos a crecer 20 centímetros (hombres y mujeres) de la noche a la mañana? Llevamos demasiados años persiguiendo ideales inalcanzables únicamente para parecernos a lo blanco, a lo europeo. Por lo tanto, cuando reproducen y propagan sus ideales, ya saben que mucha gente nunca lo logrará y eso les conviene porque así pueden tener el control sobre una imagen y apariencia aceptable, además de ser idealizados en la imagen pública.

«Se ve muy mexicano», dijeron. Eso quiere decir que existe un tipo de mexicano y un tipo de mexicana, un modelo que puede ser *muy* o menos *muy*. En la escala de mexicanidad, algunos somos mucho y otros son poco, y parece que lo ideal es ser poco mexicano. Y eso afecta mucho más a las mexicanas, lo que me lleva a pensar en los concursos de belleza.

Cuando alguien piensa en esto —y seguro te pasará a ti— y se imagina a la representante de un país escandinavo en un Miss Universo o similar, verá a una mujer alta, blanquísima, de un rubio sumamente amarillo y con ojos claros. El modelo nórdico para la mujer. La gente del norte europeo es la más blanca, la más alta, la más rubia, así que, claro, así se ven representados, a pesar de que en esos países existen, aunque quizá en menor medida, personas con pelo oscuro, no tan altos e incluso piel apiñonada. ¿Qué pasa con las representantes mexicanas? ¿Son bajas de estatura, morenísimas, con el pelo negro y ojos grandes y cafés? ¿Son muy mexicanas? Más bien, son aquellas que son lo menos mexicanas posible. Todas se parecen en cuanto a que son blancas (o de una piel morena muy clara) y altas, con labios, narices y labios «finos», lo más lejano posible a una mujer indígena. Es como si fueran la versión trigueña de las nórdicas. No representan al grueso de la población del país. Claro, en México no nos parecemos todos, pero queda claro que la mayoría de la población es morena, de estatura por debajo de la europea y no necesariamente con esos rasgos. Al seleccionar a la representante, buscan a la que encaje con el paradigma de belleza universal (Miss Universo, al fin y al cabo). Es decir: todas compiten bajo un mismo estándar de belleza occidental. Lo peor es que seguimos comprando y pidiendo ese estándar.

«YO NO ESCUCHO MÚSICA DE NACOS»

Voy a comenzar este apartado con una regresión a mis años de morro en el barrio.

Cuando era niño, tenía un vecino que era sonidero y lo conocíamos como "El Sonido Spider". Cerraban la calle durante las noches de sonidero y siempre, al otro día, aparecía alguien madreado. Llegó a suceder una o dos veces, tal vez más, que alguno amaneció muerto. Mi vecino, como buen sonidero, era cumbianchero. En ese entonces no estaba tan de moda la banda ni nada por el estilo, casi no se escuchaba. No era un movimiento que hubiera llegado todavía a las periferias del DeFectuoso.

Mis papás no nos dejaban salir al toquín que se organizaba en la colonia porque no no-más era "de nacos", también era peligroso. Y claro, se armaban los chingadazos, porque la gente se ponía bien borracha, aunque tampoco era algo del otro mundo, pues eran los exce-sos que siempre se dan en una fiesta al aire libre en cualquier contexto. Había un sesgo de clase. "Música para nacos". "Fiestas para nacos". No solo hablaban contra el tipo de música o lo que ellos tomaran por "naco", sino contra todo lo que se oponía a lo desea-ble, que siempre era (y es) lo blanco.

Como no nos dejaban salir, yo me quedaba pensando: "Estos pinches nacos no dejan dor-mir, siguen con su escándalo". Eso, igual que a los adultos, me hizo alejarme de lo que me rodeaba en realidad, de mi contexto, y comencé a escuchar música que se producía y tocaba muy lejos de mi barrio. Así que escu-chaba a Björk, Radiohead, Soda Stereo, gran-des músicos todos, por supuesto. También me interesó la música electrónica, que se puso de moda en mis lares y escuchábamos en *raves* que se armaban en cualquier lugar que se pu-diera. Nosotros, los chavos, nos sentíamos muy pinches sofisticados.

Sin embargo, tiempo después, cuando llegué
a los años de la prepa, me entró la cosqui-
llita por bailar. Porque ¿de cuántos cumbiones te perdiste de bailar por andar de
roquerito? Esta curiosidad surgió cuando me
di cuenta de que en las fiestas de la prepa
ponían cumbiones, y yo era el único que no
bailaba. Era el que se quedaba sentado mientras mis compas ligaban y echaban danzón y
se la pasaban bomba. Por eso traía esa cos-
quillita.

Me tomó un buen tiempo entender varias cosas. Por
ejemplo, cuando me volví actor y llegué a este medio en
donde no me identificaba con nada ni nadie (o con muy
pocos) por cuestiones de origen. Me di cuenta de que en
las fiestas que hacían mis colegas o quienes formaban
parte de mi medio ya se había puesto de moda, ahora sí,
la cumbia, la banda, la salsa y las norteñas porque en *Y tu
mamá también* Diego y Gael usan la expresión de «naco
chido» y, como ellos dijeron que lo naco es o podría ser chido, entonces la élite se permitió adoptar todo aquello
que habían pasado años y vidas enteras despreciando.

Se necesitó de la aprobación de dos miembros de la
blanquitud, además de aspiracionales, jóvenes, inteligentes, cultos, guapos, exitosos, talentosos, chingones
y, en resumen, grandes ejemplos de lo que debe ser o
a lo que debe aspirar un joven en la era neoliberal. A
partir de ahí, la cumbia, la salsa, la banda dejaron de ser motivo de vergüenza. Se abrió la percepción de la gente. Yo
me vine a encontrar con eso en Francia.

Hace varios años, tuve la fortuna de asistir al festival de cine de Cannes. Era la primera vez y fui como parte del reparto de la película de Gael García de la que platiqué al inicio del libro. Después de la proyección, nos invitaron a un bar, a la fiesta de México, que organizaba el IMCINE y un grupo de funcionarios de la oficina de Relaciones Exteriores del país. No me acuerdo de quiénes más estaban ahí, pero era la fiesta de y para los mexicanos en el festival. Eligieron hacerla en un bar, sobre un acantilado, con vista al mar Mediterráneo, precisamente el lugar en donde se encuentra la cuna de la cultura occidental. En el bar tenían pisos de cristal, y podías ver las olas romper debajo de tus pies, con un mayor efecto dramático creado por cañones de luz enormes que te permitían ver las rocas. Del otro lado del mar veía las luces, los resplandores de África. No sé cuánto tiempo estuve ahí, paradito en el balcón, sobrecogido por la imagen y el momento, cuando de repente entró un cumbión como los que había escuchado toda la vida y de los que había renegado. Pero ahí sonaba diferente o, al menos, yo lo escuchaba ya con otros oídos. Me acuerdo de que pensé: "¡De Ecatepec pa'l mundo, cabrones!". Esa noche me puse a bailar salsa y cumbia como loco, o más bien, como si siempre la hubiera bailado, como si en la secundaria me hubieran de-

jado salir a los sonideros a bailar hasta la
madrugada. Fui la sensación del momento, de
la fiesta, aunque, claro, no porque hubiera
estado a la moda o porque me interesaran mucho las tendencias, sino porque eso yo ya lo
traía, porque crecí así, era mi identidad,
mis recuerdos, mi familia. Esa cumbia que to-
caban, que se escuchaba en una costa francesa
y que volvía locos a los europeos nos daba
la oportunidad a los mexicanos de lucirnos,
aunque de diferentes maneras. Muy poquitos
sabíamos bailar, y para quienes no crecieron
con eso, la verdad es que la canción era un
accesorio. Para ellos, era ponerse la cumbia
encima para que los colegas europeos vieran
que eran *cool* y latinos, para distinguirse
y celebrar algo que en el país rechazaban.
Era solo un accesorio que se podían quitar
y poner según creyeran adecuado, todo para
presumir su condición de latinos, sobre todo
porque quienes nos celebraban el baile no tenían
ni idea del origen de semejante cumbión. Para
unos era una total apropiación cultural,
pero en mi caso son cosas que yo no me puedo
quitar como si fuera un collar o una pulsera.

En los días siguientes al viaje, dentro de
mis reflexiones y conforme iba asimilando
todo lo que había pasado esa noche y otras,
me di cuenta de que toda mi vida luché por
quitarme esa identidad que los europeos
aplaudieron. De verdad intenté quitarme ese

rostro porque creía que era una máscara. No era eso, era mi rostro real, porque sí me emociono y porque sí me gusta y sí me recuerda momentos de mi vida, de mi pasado, de mi historia, y sí se parece a mí. Además, los temas de los que hablan sus letras —que son motivo de burla para mucha gente, según de la élite, que las baila, que las canta con sorna en bodas y graduaciones ya borrachos y borrachas a las tres de la mañana— para mí tienen sentido, y me tocan y me hacen llorar. Los artistas que escribieron estas cumbias y músicas de barrio están cantando mis emociones, mis experiencias. Entendí qué diferente era y cuánto daño me había hecho la idea de que, para ser clasemediero, había que renunciar a esos orígenes. Renunciar a todo. Blanquearme para pertenecer.

Por esas diferencias, en ese lugar, en aquel acantilado del Mediterráneo, me di cuenta de que no me identificaba con nadie de las personas que estaban en la fiesta bailando conmigo. Por supuesto, nos identificábamos por ser mexicanos, hablábamos el mismo idioma, compartíamos un montón de referencias. Eran personas bien chidas con quienes me la pasé de lujo, personas amorosas, muy lindas. Podría decir cosas buenas de toda la gente que estaba ahí, pero no puedo contar la anécdota de otra manera.

La cultura popular fue negada hasta que la blanquitud nos dio su permiso. Hasta que la blanquitud nos dio su espaldarazo, la aprobación blanca, o al menos así le llamo. Cuando me dije a mí mismo «de Ecatepec para el mundo», me di cuenta de que conmigo arrastraba toda mi historia. Que a mis espaldas estaba todo mi origen y todo lo que me da identidad.

La identidad en las clases bajas en términos culturales está cabrona. Tan cabrona está que ahora los blancos nos quieren robar la cumbia, nos quieren robar el mole, nos quieren robar los sopes, nos quieren robar los pueblos mágicos. Nos quieren robar los textiles, nos quieren robar hasta las bolsas del mercado como elementos vendibles porque no son capaces de generar su propia cultura y las clases bajas sí la generaron. Y las clases bajas son las que crearon todas esas piezas.

Durante varios años, ya dentro de la industria y con el afán de ser parte de algo que no era, muchas veces sentí la necesidad de traicionar mi origen. Cedí a la presión de perder mi identidad lingüística, a veces mis gustos, en general, modificarme. No todo con tal de pertenecer a la blanquitud, pues algunos cambios eran necesarios, algunas cosas que estaban mal, como comportamientos machistas, que no son exclusivos de las clases medias y bajas, pero que yo aprendí ahí. También ciertas costumbres, como la manera en la que me relacionaba con otros hombres, como el humor con el que conectaba. Fueron cambios naturales, pero todo esto me hizo preguntarme por mi identidad, pues por todos lados era un constante rechazo a mí mismo.

Un día entré en crisis, llamé por teléfono a una amiga y le dije: «Ya no pertenezco al lugar de donde vengo, pero tampoco puedo pertenecer a este nuevo lugar, ni siquiera como lo mismo que esta gente. No he ido a los mismos lugares, no me eduqué en los mismos colegios que mis compañeros, que la gente con quien convivo ahora».

Ella me dijo: «¿Quieres pertenecer a algún lugar? Pertenécete a ti mismo, sé tu propio grupo y quédate en ti».

«Pero ¿quién soy?».

Con los años, con la toma de conciencia, me he dado cuenta de que soy *La cumbia de los pajaritos*, soy Raymix cantando *Oye, mujer*, soy la Sonora Santanera, la Sonora Dinamita. También soy la música banda, soy Bronco, soy Los Temerarios, soy José José y Juan Gabriel. Soy Tijuana No y también soy Rockdrigo González. Soy Café Tacuba, ¡soy Caifanes! (el primer concierto al que fui, en el centro cívico de Ecatepec, que me costó 20 pesos y al que mi hermana me llevó porque habré tenido como nueve o 10 años).

Después de ese viaje entendí que gran parte de mi historia lleva un sonido, tiene su propia banda sonora, y, haciéndole un pequeño homenaje a Laura Barrera y a su programa *Soundtrack de una vida*, me acuerdo de una vez que me entrevistó para este programa y me dijo: «Tú eres el único que se ha atrevido a poner cumbias como el *soundtrack* de una vida. El único que vino a poner música popular, y no Bach y Wagner, que son chingonsísimas, pero paren de mamar que esta es su historia personal». Yo llegué a poner *La cumbia de los pajaritos* y la de *No hay novedad* de Los Cadetes de Linares. Me identifico con ellas y me sigue moviendo más escuchar la Ke Buena, que era una de las estaciones de radio de «nacos» —que, de hecho, siguen siendo estigmatizadas en los medios de comunicación— que cualquier otra que toque música que también me gusta, pero no es parte de mí. No cambiaría la música de mi vida por nada.

EL TEATRO, EL CINE Y LAS SERIES

Hace unos años, el mundo se vio envuelto en un «escándalo» con uno de los personajes más famosos de la cultura popular, que ni siquiera es una persona, sino la representación de un tipo de persona: la Sirenita. Cuando se decidió que cambiarían la imagen del personaje, de una chica blanca y pelirroja a una morena y de pelo negro, millones de personas terminaron indignadas porque, según ellas, esa no era la Sirenita con la que les había tocado crecer. Decían que estaban forzando una imagen en aras de la corrección política y que estaban cambiando infancias enteras con esa decisión. Por supuesto que ninguna de estas personas entendió de representación y de la importancia que esta tiene en el imaginario social.

Los mitos de las sirenas surgieron en Mesopotamia hace miles de años, y eran mitad mujer, mitad ave. Aunque luego fueron modificándose las historias y otras culturas las adaptaron —como los fenicios, que las hicieron mitad mujer, mitad pez—, en realidad, el registro más antiguo que se tiene de estos seres data de hace como 7000 años, en la mitología babilónica. Si entendemos eso y echamos una ojeada a la historia sabremos que, en casi todos los mitos, las sirenas eran negras o muy morenas. Ya hace menos de 200, el escritor danés Hans Christian Andersen decidió que su Sirenita debía verse como él, blanca, y que debía encajar en su contexto, y que querían verse representados también en los mitos milenarios que elegían volver a contar. ¿No es eso una representación forzada? Hoy, Disney está regresando muchos de estos personajes a su color original, pero esto incomoda a la blanquitud.

Dicho de forma sencilla: la inclusión solo es forzada y les encabrona cuando va en contra de la idea de belleza hegemónica (blanca). ¿Por qué no medimos todo con la misma vara? ¿Cuál es el problema de ver morenos en el teatro, el cine y las series?

El teatro moderno mexicano fue fundado por vacas sagradas europeas, en su mayoría y en específico, de España y del antiguo bloque socialista. Ellos llegaron al país en la década de los setenta y empoderaron al nuevo teatro hace medio siglo. Por supuesto, con sus ideas y preferencias le fueron dando forma y reclutando a mucho del talento nacional, pues muchos de mi gremio empezaron en el teatro. Estas vacas sagradas, durante el salinato, se empoderaron más dentro de las instituciones de la cultura y el arte, y desde entonces las han dominado. Ahora son sus hijos y nietos quienes mandan en los espacios de la élite de la cultura. Casi todos ellos, por supuesto, son blancos e integrantes de la blanquitud. Son quienes mandan, además, dentro de un sistema sumamente patriarcal, jerárquico, en el cual hay lugar para una vaca sagrada a la cabeza y a la que todo mundo le tiene que chupar las ubres o dar las... dignidades para llegar a algún lugar.

Estas personas han ido creando escuelas como el Centro Universitario de Teatro, que ahora cambió de nombre y los perfiles de actores y actrices que lo forman son otros, pero que en su origen era descaradamente elitista. Como todo en México, no eran abiertamente racistas o clasistas, sino que más bien aplicaban el filtro de clase. Si entrabas en esta escuela (de la UNAM) no podías trabajar, o te corrían con el pretexto de que los futuros «artistas» se debían dedicar en cuerpo y alma a la actuación. Aquí está la trampa para que te puedas dedicar única y exclusivamente a estudiar: necesitas recursos familiares. Si no eres del sur de la ciudad o eres de otro estado, necesitas pagar renta, comida, transporte, material y las entradas para ver obras de teatro como parte del proceso formativo. ¿Y de dónde chingados vas a sacar dinero? Pues tu familia debe contar con suficientes ingresos para mantener a uno de sus miembros sin producir y gastando bastante lana. No es difícil concluir que las clases bajas no se pueden dar el lujo. De esta manera, «el arte» se convirtió en una actividad de clases más o menos acomodadas, a la que muy pocos miembros de clases menos favorecidas podían aspirar, y eso sin contar con el alto grado de perfilamiento racial de *la crème de la crème* de la cultura y las artes en México.

Ese filtro racial y social se rompió cuando el cine cambió las narrativas y a quienes no veníamos de escuelas de actuación nos dieron la oportunidad de entrarle a ese trabajo y aparecer en las pantallas. Yo pasé por esos filtros, tuve que sortear obstáculos, chingarle para estar en donde estoy; aunque en un mundo sin racismo, habría sido diferente.

Cuando empecé mi carrera dentro de la actuación, mi mentor fue Carlos Torres Torrija. Él es del barrio de Tacuba, creció en una vecindad siendo güero, de ojos azules. Por lo mismo, fue muy *bulleado*; le decían que era una muñeca o una reina. Así más o menos como me pasó a mí, se tuvo que hacer bravo para los golpes y con eso medio lograr que lo dejaran de hostigar. Aunque cuando se convirtió en actor se ganó el paso a la blanquitud con la credencial de su color de piel, no quiere decir que le haya sido tan fácil. Era atleta, participó en los Juegos Panamericanos, pero era bailarín y fue despreciado por su familia por dedicarse a las artes y no a una profesión "útil".

En aquel entonces, yo estudiaba una carrera en la UNAM. Conocí a Torrija en uno de los talleres que tomé y, dentro de los alumnos, formamos un grupito que se llamó a sí mismo "Los Rotitos". Éramos los morros que no teníamos tanto dinero. Fue él quien me vendió la idea de volverme actor. Yo nunca me imaginé en este trabajo, en esta profesión, nunca fue mi proyecto de vida porque había muy pocos morenos en las pantallas en posiciones de poder e influencia, y era imposible imaginarse ahí sin modelos a seguir, sin referencias para por lo menos verse uno en ese lugar.

Lo conocí porque entré a un curso de actuación en la escuela de Luis Felipe Tovar, porque mi papá me estuvo insistiendo que me inscribiera. Lo más cabrón que hizo, yo creo, más allá de los conocimientos que me compartió, muy valiosos, fue desmitificar la blanquitud. Él se la pasaba diciéndonos —aunque nunca con estos conceptos— que "tal director de teatro, que se las da de muy chingón, se equivoca porque..." o "tal obra de teatro es espantosa porque..." y "esas técnicas de actuación ya son viejas". Con eso logró bajar del pedestal a las personas exitosas, que lograban serlo en gran parte por su condición de privilegiados o integrados a la blanquitud.

Estas personas que él criticaba habían creado instituciones racistas que los mantenían en la parte alta de la pirámide. Aquella era la élite del teatro y Torrija siempre se encargó de dejarnos claro quiénes sí hacían el trabajo y quiénes estaban ahí por motivos ajenos a su talento o esfuerzo. Como esto sucedió hace 20 años, nadie era consciente de lo que en realidad pasaba y le atribuíamos todo esto al clasismo y nepotismo, como mucha gente, por desgracia, todavía lo hace. En esos años no se tenía la conciencia de ahora. Todavía no se hablaba de racismo, ni era un tema del que la gente pudiera escuchar

con facilidad. Es más, hace tres años en
México creíamos que el racismo no existía.
Pero él, como dije, sin darle nombre, se daba
cuenta y quería que no nos desanimáramos ni
pensáramos que estábamos mal si teníamos el
camino más difícil que otros.

Torrija me dijo que el mejor consejo que
podía darme era que yo, como mis compañeros
prietos, teníamos que ser "más rápidos, más
altos y más fuertes". Eran las máximas del
olimpismo que él había aprendido como atleta. "Tienes que saltar más alto, tienes que
correr más rápido, tienes que levantar más
peso que todos porque te va a costar, cuando
menos, el triple".

De forma más aterrizada, me dijo:
"Tenoch, no eres galán de telenovela, no
tienes un cuerpazo, no vienes de la élite,
no estudiaste en una escuela de actuación
—que es una de las puertas para meterse al
medio, aún con sus filtros de clase y 'de
raza'—, no vienes de familia de dinero, no
fuiste a sus colegios, vamos, güey, ¡ni siquiera eres bonito, cabrón! No eres güero.
Si fueras güero y de ojos claros tendrías
una oportunidad, pero ni eso. ¿Qué vas a
hacer si tienes todo en contra? ¡Más rápido, más alto, más fuerte!" "Vas a tener que
leer más libros que todos, ver más obras de
teatro que los demás, vas a tener que saber
más que tus colegas, ser más resistente, te

tocará tragar más mierda que el resto, hacer
más lagartijas, más abdominales, y por ahí,
tal vez, algún día, llegará un director inteligente que te meta a jugar en los últimos
cinco minutos del partido. Tal vez sea así,
pero lo más seguro es que te pases toda la
vida en la banca. Sin embargo, si llega ese
momento, cuando te metan esos cinco minutos,
vas a meter un golazo ¡y que se caiga el
pinche estadio, cabrón! Pero para meter ese
gol, tienes que estar preparado".

"“Vas a tener que entrenar como loco, como
un degenerado que no ve otra cosa en frente más
que chingarle, chingarle, chingarle, más que
los demás. Ni modo, pero es lo que te tocó.”

Eso hice.

Mis primeros cinco minutos al final de un
partido llegaron cuando el director Alonso
Ruizpalacios me dio mi primer papel protagónico en el cortometraje *Café Paraíso*. Después
llegaron otros cinco cuando Everardo Gout me
dio otro protagónico, ahora en el largome-
traje *Días de gracia*, para el cual estudié y
me gradué de la academia de policía de Ecatepec, de incógnito. Lo hizo a pesar de que,
por mantenerme como el protagonista, perdió
el dinero de la película. Le dijeron que yo no
podía tener tanta importancia dentro de la
película, que fuera mejor Diego Luna, que
fueran otros actores de moda, que si quería
a alguien moreno que llamaran a Gael o a Gus-

tavo Sánchez Parra. Según me contaron, dos
veces perdió el financiamiento de la película porque le decían que si él no cambiaba al
actor principal, no le iban a dar el dinero.
Everardo se mantuvo firme y dijo que no me
iba a cambiar. Después, otro actor reconocido
—blanco, de origen español— dijo que actuaría
en la película y fue gracias a él que se consiguió el dinero. Dos meses antes de empezar
el rodaje, el director se enteró de que ese
actor estaba en Colombia trabajando en una
película y que le tomaría varios meses terminar. Por supuesto, los inversionistas sacaron
el dinero, porque yo solo, con mi nombre, no
podía mantener la inversión. Tenoch Huerta no era garantía de nada para ellos. Mi
sola presencia no podía conservar el dinero,
a pesar de que yo ya había trabajado en 20
películas y había sido nominado al Ariel. No
era suficiente. Para ellos no. Por fortuna,
de último momento, una superproductora bien
chingona consiguió nueva inversión. Como la
película trata sobre el secuestro, buscaron
a personas del empresariado nacional que habían sido víctimas de secuestro y eso los
movió a invertir, ya sin importar quiénes
fuéramos los actores.

Esa película, *Días de gracia*, me llevó a
Cannes por segunda vez. Nos aplaudieron casi
20 minutos de pie en la sala de cine más
importante del mundo. Desbordada la gente,

vueltos locos viendo "mi" película. Yo, que
toda mi vida había escuchado a mis compañeros actores decir que yo no era actor porque
no venía de una escuela de actuación, que no
era actor porque no me había graduado, que no
era actor porque no pasé por el proceso que
ellos habían pasado. Yo había ido a exáme-
nes finales de muchos compañeros actores —un
poco para ir a ver lo que hacían y otro poco
para decirme que "me hubiera gustado estar
ahí, me hubiera gustado estar en tal escuela,
me hubiera gustado ser ellos"—. Ya tenía una
carrera universitaria y no podía pedirles
a mis papás que me mantuvieran para estudiar otra, pero me gustaba soñar con eso.
Me acuerdo de lo que sentí en el Palais des
Cannes, frente a 2500 franceses, luego de 20
minutos de aplausos, de elogios de la prensa
especializada del mundo hacia mi trabajo y
a la película. Yo, que me pensaba pequeñi-
to, había llegado a ese espacio gigantesco.
De hecho, hay una foto muy bonita de cinco
changos mexicanos tomados de la mano, de
cara a las escaleras del Palacio, viéndonos
insignificantes. Está bien ser pequeños e
insignificantes. Durante esos 20 minutos que
se sintieron como una hora, mientras recibía
y absorbía los aplausos de toda la banda que
era la primera vez que veía la película, me
dije a mí mismo: "¡A huevo, perros! esta es
mi graduación!".

Tiempo después me enteré de que en esa escuela, en la que Torrija me entrenó, becaban por lo general a las más guapas o a quienes tenían más dinero. Torres Torrija becó a algunos, a los de su clase, que éramos los cinco del grupo de Los Rotitos, pero estas becas no eran de la escuela: a él le descontaban de su sueldo las colegiaturas que nosotros no pagamos. Al final, casi el último año que tomé clases con él, no solo no le pagaban, sino que él ponía de su bolsillo para que nosotros pudiéramos seguir estudiando. De esto me enteré muchos años después, cuando en una plática se le salió contarlo. Nunca nos los dijo mientras éramos sus alumnos.

Mi mentor tenía dinero, una carrera chingona, trabajaba en muchas telenovelas. Pudo haber hecho lo que quisiera, pero decidió dedicarnos sus horas, su dinero y su amor a nosotros. Sin él yo no estaría escribiendo este libro.

Ahora que lo escribo, me tiembla la mano de saber que puso de su bolsillo para que yo pudiera volverme actor. Por acciones como estas, él fue bastante incómodo en un medio dominado por la blanquitud, porque mandaba a la chingada sus ideas. Todo mundo me dice que soy el hijo que nunca tuvo. Que soy su fotocopia, pero en negativo o en positivo, vete tú a saber. Lo cierto es que él nunca dejó de serle leal a la clase baja; es decir, aunque para muchos podría parecerlo, nunca se blanqueó, como sí lo han hecho muchas otras personas.

Hasta donde sé, Carlos Torres Torrija sigue yendo a su barrio a jugar frontón, en las canchas de Tacubaya. Sigue ahí. A pesar de haber consumido «cultura», sigue perteneciendo a sus espacios. Si él hubiera hecho lo que hace mucha gente que sale de las clases bajas y que de repente se empodera, quizá no estaría aquí.

Yo nunca soñé con ser actor, nunca imaginé que podría salir en películas porque no había actores de mi color en la pantalla. No puedes soñar lo que no puedes ver. Se hacían pocas películas y en la mayoría solo había actores caucásicos, de pieles claras y apellidos extranjeros. Muchos venían del teatro y de la televisión o de la vieja guardia que hizo el mejor cine de nuestro país, el de la segunda época de oro del cine nacional, el del sexenio Echeverrista (70-76).

Un día, apareció *Amarte duele* y pude ver, por primera vez, a un prieto que no violaba, no mataba, no robaba, ni salía solo a abrir la puerta. Por primera vez vi alguien como yo protagonizar una película, y, lo más increíble e inusual del mundo: la protagonista, que era hermosa, se enamoraba de él, pero más importante y raro, ¡NO LA VIOLABAAAAAAAA! Eso me voló la cabeza. Me hizo soñar con algo que podía ver.

Cuando llegué al cine nacional, las historias cambiaron. Antes, los prietos solo eran personajes secundarios que salían a violar, matar, robar o abrir la puerta a un blanco; si eran mujeres, salían de putas, viciosas y de adolescente embarazada. De pronto, las películas ya eran protagonizadas por el que roba, el que mata, el que abre la puerta, la puta, la viciosa, la empleada doméstica o la adolescente embarazada y pues ni modo que un blanco interpretara esos personajes. No, señor, ¿dónde se ha visto que un blanco robe, mate, viole o abra puertas? ¿A qué mente enferma y retorcida se le puede ocurrir la idea de que las blancas sean putas, viciosas, empleadas domésticas o se embaracen adolescentes y fuera del matrimonio? No, señor, en el orden natural de la ficción mexicana, los blancos son impolutos y los prietos... pues son prietos.

Así que una nueva camada de actores entramos por la puerta grande del cine, protagonizando historias poderosas que fueron apreciadas y galardonadas en el mundo entero, principalmente en festivales europeos, en donde les encantan las historias sórdidas de la pornomiseria del tercer mundo para sentirse superiores y demostrar que ellos son mejores que nosotros, faros de la cultura y la civilización, tan buenos, tan puros, tan santos... tan blancos.

Por lo tanto, aquí necesitaban sangre joven en las pantallas, y las escuelas de actuación, con sus técnicas y estilos de más de medio siglo, no estaban produciendo actores lo adecuadamente preparados para las nuevas narrativas y estilos, y como sus alumnos no eran morenos, llamaron a actores que no necesariamente hubieran estudiado en escuelas de actuación; de hecho, había un estigma muy fuerte sobre estos.

Fue así como entramos al cine y nos empoderamos. Éramos «la indiada» (ya sé que es racista decirlo, pero en ese entonces no sabíamos de antirracismo como ahora). Hicimos cientos de historias en las que interpretamos todo lo que un prieto puede interpretar, desde campesinos hasta indígenas, héroes revolucionarios, carniceros, asesinos, narcos, etcétera.

A la vuelta de los años, y en vista del tremendo prestigio y proyección que tuvimos los prietos, los blancos empezaron a quejarse y exigir que les dieran a ellos esos personajes. Se sentían discriminados. Obvio que los productores, directores y guionistas, en su mayoría miembros de la blanquitud, les hicieron caso y hoy volverás a ver los personajes principales interpretados por blancos.

Puede ser un narco, por ejemplo, pero *cool*, guapo, elegante, refinado y conflictuado por el negocio al que pertenece, siempre acompañado de un prieto que es sanguinario, feo, grotesco, violento y remalote, que es el que ejercerá la violencia. Una vez más, las posiciones de poder e influencia están siendo tomadas por blancos o de plano las historias son de la vida de la clase media aspiracional de la Condesa o la Roma en la Ciudad de México, en donde no existen los morenos más que para abrir las puertas, violar, matar, robar o putear, drogarse y embarazarse.

El círculo se volvió a cerrar.

LATINO INTERNACIONAL

A pesar de este sentido de urgencia que se vivió dentro del cine nacional por agradar a los públicos europeos, me tocó ir a muchos castings en donde me decían que no, que no, que no y que no. Es decir, éramos necesarios para un cierto tipo de producciones, pero en realidad no éramos tomados en cuenta para actuar en otras películas, cortos, series o telenovelas, comerciales incluso. Nos querían para festivales. Nos querían para ganar premios. Como monitos cilindreros que bailan por cacahuates. Sin embargo, cuando se trataba de actuar sin caer en estereotipos, siempre nos salían con la misma estupidez, que era la de que nos rechazaban porque lo que querían para sus producciones era un «latino internacional». No era porque fuéramos malos actores (eso salía sobrando). ¿Qué es esta chingadera de un latino internacional? No es que sea uno muy viajado, que haya ido a Cannes, a Venecia, a Berlín o a Nueva York. No: lo que ellos buscaban era una actriz o actor blanco, pero bronceado o con el pelo oscuro, nada más.

Hace poco vi en un video de YouTube a un publicista imbécil, racista descarado, que dice que «la gente ya no aguanta nada sin que se ofendan». En otras palabras: no puede expresar su racismo de forma abierta y honesta, con todas sus letras. Este compa llora porque no lo dejan ser racista. Según él, cuando la gente que trabaja en publicidad y comunicación habla de talento «latino internacional», nada tiene que ver con el color oscuro de la piel, sino que más bien hacen referencia a que la persona debe ser «guapo». Esta persona es tan ignorante que no se da cuenta (o a lo mejor sí) de que al llamarle guapo o guapa a una persona blanca está cayendo en un racismo obvio que se decanta por la belleza hegemónica de la que hablé unas páginas atrás.

Son bastantes los publicistas que piensan como él. Por supuesto, la mayoría son blancos, que vienen de familias de dinero y del grupo dominante, varios de ellos extranjeros. ¿Qué más van a pensar estas personas desde su privilegio del que no pueden darse cuenta? La blanquitud pone siempre en las posiciones de poder e influencia a quienes nacieron con la piel blanca, y luego, aunque muy luego, a quienes han logrado asimilarse o se han blanqueado socialmente.

Cuando tomaba talleres de actuación, me acuerdo de ver los castings que dejaban en los tableros y de cuando leí las palabras "latino internacional" la primera vez, que pensé, con toda la inocencia del mundo: "Bueno, yo soy latino, tengo cara de árabe, pues soy internacional". Para mí esas dos palabras no podían ser tan horrorosas, ni me pasaba por la mente; por eso supuse que buscaban a un actor que pudiera parecer marroquí, pakistaní, también centroamericano, sudamericano... ¡Claro! Mi perfil era bastante internacional porque mi apariencia podía abarcar varias nacionalidades.

Como yo sabía que para conseguir trabajo había que ir a prácticamente todos los castings, fui bien contento a este lugar en donde buscaban un perfil tan adaptable como el mío, camaleónico incluso. Cuando entré a la sala de espera, me di cuenta de que el más chaparro era yo (con todo y mi 1.80 de estatura) y de que todos eran caucásicos bien bronceaditos, la mayoría brasileños, argentinos, españoles, gringos, franceses, pertenecientes a toda la gama de la blanquitud que te puedas imaginar. En cuanto alguien de la agencia de casting me vio, me preguntó: "¿Y a ti quién te mandó?". "Me mandaron de Argos", les dije, y luego me hicieron una mueca, tomaron mi información y me pidieron esperar.

El casting y el tiempo que estuve ahí sentado fueron una de las experiencias más incómodas que he vivido en mi vida profesional. Se notaba que ellos también se sentían incómodos con el hecho de aceptarme para hacer el casting porque era una pérdida de tiempo para todos, así que parecía un trámite que querían apurar. Sin embargo, luego de una hora esperando, escuché que alguien dijo: "Pues pásalo, viene de Argos". Lo cierto era que yo no venía de ahí, fue algo que leí y lo repetí. En ese momento no me dijeron nada. Me hicieron el casting, como dije, a manera de trámite, pero nunca me llamaron.

En los procesos de casting para telenovelas, series ahora, publicidad principalmente, es casi imposible encontrarte con actrices y actores morenos. A menos que el comercial sea para Un Kilo de Ayuda o alguna campaña de lucha contra adicciones, entonces ahí sí los encuentras. Esos casi siempre son de nuestro gobierno, cuyos comerciales históricamente siempre han sido racistas. ¿Te has dado cuenta de cómo las personas que aparecen a cuadro siempre son prietos y cuando ya todo está bien, cuando han rescatado la colonia o cuando ya llegaron los apoyos, o cuando ya terminaron la universidad, son blancos? Si no güeros, sí se les blanquea la piel. ¿Raro? Quién sabe qué tengan las escuelas y las universidades que, nada más entrar, uno va perdiendo melanina. Como si a mayor conocimiento en la cabeza, menos melanina en la piel. Esa es la relación que le encuentran los genios estos.

Fuera de las experiencias con salas de espera llenas de güeros aperlados, los castings en los que sí me tocaba encontrarme con prietos eran aquellos para películas. Claro, eran papeles de indígenas, campesinos, de barrio, rateros, hombres pobres, sufridores, y que nos pedían interpretar de forma simplona, con lenguaje limitado, cómicos (si no era que les tocaba sufrir) y hasta con tics o rasgos tontos. Por supuesto, el indígena siempre es percibido como ignorante, pobre o salvaje. No pueden imaginarse a un indígena con lentes oscuros, seguro de sí mismo o de sí misma, con la seguridad que solo esperan de un blanqueado social. Para los directores de casting es imposible imaginar que alguien proveniente del barrio tenga un cierto bagaje cultural porque estudió una carrera universitaria. Sí, muchísima raza de barrio estudió carreras universitarias, escribe libros, dirige empresas, es artista, entrena equipos deportivos, opera en un quirófano o simplemente son personas que viven su vida como la gente común; es decir, sin parecerse a los personajes que buscan para sus series y películas.

¿POR QUÉ DEBEMOS VERNOS REFLEJADOS EN LA PANTALLA?

El cerebro humano solo puede establecer 120 relaciones personales, por eso se cree que las tribus antiguas constaban de no más de este número individuos. La revolución del Neolítico vio el nacimiento de civilizaciones agrarias, en donde convivían más de 120 personas y se coordinaban en sociedades complejas y con división del trabajo. ¿Cómo es posible juntar esa cantidad de gente si el cerebro no te da para más? Con la creación de mitos, historias que nos contamos y que todos creemos, a las que nos adherimos y tomamos como parte de nuestra identidad.

Es por eso que podemos empatizar con un compadre ucraniano al que ni conocemos o a una mujer en China de la que no teníamos idea de su existencia. Compartimos religión (mito espiritual) o derechos humanos (mitos sociales) o la idea de que todos somos mexicanos y compartimos la misma historia, aunque la Revolución mexicana se haya peleado principalmente en el norte del país. Tenemos mitos fundacionales que nos dan identidades nacionales y hasta nos creemos que «lo mexicano» es lo que se inventó Vasconcelos y se difundió a través de las películas de la Época de Oro del cine nacional. *Spoiler alert:* México no era así; se tomaron elementos de varias regiones para construir la idea del charro. De hecho, el macho mexicano es un invento del PRI para tener hombres valientes, violentos, agachones, dóciles y sumisos (no te quejes y aguántate como los machos); o sea, no protestes, no exijas, no hagas olas: cállate y trabaja como animal.

Los mitos se transmiten por medio de tradiciones, cuentos, ritos, libros, y más recientemente por la televisión, la radio, el cine, el internet. Los medios de comunicación tienen un poder impresionante en la psique colectiva: nos dan ideas, moldean el pensamiento y ofrecen formas de percibir el mundo. Las historias que vemos todos los días nos dicen quiénes somos y cómo somos. Durante un largo tiempo, la forma en que nos mostraban el mundo fue falsa y les creímos: el héroe no solo es hombre siempre, sino que además es blanco. Este siempre vence a una fuerza malvada: una persona negra, gorda, sin pelo, pobre, prieto, marginal. Muchos de los clásicos literarios y de las obras narrativas fueron creadas desde la blanquitud. Por eso, gente como yo nunca nos imaginamos de cierta forma y nos sentíamos relegados a ser los personajes que nos decían que éramos. Por fortuna, poco a poco hemos ido cambiando y ahora los personajes «buenos» ya no son solo blancos.

Por otro lado, si vamos a seguir contando estas historias, los grandes clásicos, sería un error seguir representándolas en estos tiempos únicamente con actores y actrices blancos porque eso significaría perpetuar el concepto de belleza hegemónica. En Inglaterra, por ejemplo, desde hace tiempo tienen a actores negros interpretando obras de Shakespeare, aunque sabemos que en aquel entonces no había gente negra en esas posiciones. En ese país, con tanta tradición actoral y escénica, esto ha sucedido sin mayores problemas. Es eso, o dejamos de montar a los clásicos en escena. O qué tal *Bridgerton*, la serie de Netflix, que también hace eso. O la película de 2022, *Muerte en el Nilo*, dirigida por Kenneth Branagh, que tuvo que adaptar para evitar las actitudes de xenofobia, racismo y colonialismo que sí aparecen en la novela original de Agatha Christie. Estas son formas de seguir leyendo, representando y filmando obras narrativas de tradición, pero sin perpetuar estereotipos y discriminaciones. Apuesto que muchísima gente habrá visto la película sin siquiera preguntarse o quejarse de que el director adaptó la historia a los tiempos y la disfrutaron igual. ¿O es que todos leyeron el libro y saltaron del asiento cada que se suprimieron las observaciones xenófobas, racistas y colonialistas? ¿O les molestó ver actrices negras representando personajes fuertes e importantes? De esto se trata la inclusión.

Esto no quiere decir que todos los actores y actrices negros, negras, prietos y prietas vayan a ser solo contratados por su color de piel, sino más bien que ya es posible darle el papel al mejor actor o actriz por su capacidad histriónica y no porque un personaje tiene, debe, está obligado a ser blanco o blanca.

Como he dicho, yo nunca crecí con la idea, ni siquiera como fantasía, de convertirme en actor. No era solo yo, porque nadie que yo conociera, nadie de mi mundo, se imaginaba en un futuro siendo actor o actriz. Podrían soñar con otras cosas, pero no con eso. Nadie de donde yo vengo hacía este trabajo. En el imaginario de mi contexto, los actores siempre son «los otros», los de allá, lejos, los güeritos que salen en la tele, los que tienen apellido bonito, que estudiaron en uno o dos colegios de la Ciudad de México (aunque de eso me enteré después); en fin, eran la otredad. Eran de otro universo y ni siquiera nos cuestionábamos por qué. No nos correspondía. Yo no veía gente como yo en la televisión y los pocos que veía eran mero decorado. ¿Cómo podríamos pedirle a la gente que busque algo que no existe? ¿Cómo podrían imaginarse siendo actores, actrices, médicos o empresarios? Nadie puede soñar lo que no puede ver. Así de fácil.

resentido, da

1. *adj.* Dicho de una persona: que siente y vuelve a sentir.
2. *adj.* Dicho de una persona: que descubrió el maltrato por la sociedad y el sistema, lo señala y levanta la voz.

8

¿PODEMOS DENUNCIAR EL RACISMO?

«Si vas a decir que el racismo está mal, me lo dices de buenas y me lo dices tranquilito». Esto no es tanto una cita, sino una actitud que nos ha tocado soportar a quienes se nos ha ocurrido la locura de señalar la discriminación por el color de piel. Una variante de eso les ha tocado a todas las mujeres que han levantado la voz en México y han gritado el trato desigual al que se han visto sometidas durante demasiados años. A todos y todas nos quitan el derecho a protestar.

Hace poco sufrí una de tantas experiencias discriminatorias en mi vida, esta vez en la escuela de mi hija. Por supuesto, levanté la voz y me quejé de manera formal con la dirección y la directora me citó en su oficina para hablar del asunto.

INT. OFICINA DE LA DIRECTORA — DÍA

La oficina puede ser la de cualquier dirección de escuela privada en México. De las paredes cuelgan diplomas, fotografías de eventos de la escuela, reconocimientos y libros de texto pasados, de los distintos niveles.

Detrás del escritorio, la DIRECTORA teclea algo en su computadora, en silencio.

Del otro lado, yo estoy sentado, en calma, esperando a que la mujer termine lo que está haciendo para poder hablar de la discriminación que había sufrido en días anteriores dentro de las paredes de su escuela.

De pronto, termina, suspira como si hablar conmigo fuera la peor parte de su día. Me ve a los ojos y dice:

DIRECTORA
Que no se vuelva a repetir, por favor.

TENOCH
Por supuesto, espero que no se vuelva a repetir el hecho de que me discriminen.

La DIRECTORA enarca la ceja, sorprendi-
da por la respuesta. Inclina el cuerpo
hacia delante, sobre su escritorio, y
busca mis ojos.

DIRECTORA
(levantando la voz)
No, no, que usted no vuelva a buscarme
para contarme estas cosas.

TENOCH
(con voz neutra)
¿Yo? ¿Cómo? No, yo me voy a quejar
y a levantar la voz cuantas veces sean
necesarias hasta que ustedes dejen
de tratarme mal.

Lo que sigue es un intercambio inútil
de razones de su parte y de la mía: ella
diciéndome, en pocas palabras, que yo no
tenía por qué hacer escándalo, quejarme,
levantar la voz. Yo le respondo que tengo todo el derecho de hablar y pedir que
aquello se corrija.

Al final, me levanto, le doy las gracias y
me voy.

Según las personas que se encuentran en el grupo dominante, no es posible levantar la voz y denunciar una injusticia que nos esté lastimando. Si lo hacemos, corremos el riesgo de que nos califiquen de violentos y resentidos. Pero sentimos y resentimos el maltrato aunque nos exijan olvidar.

A la palabra «resentido» le han endilgado una carga negativa. Cuando hablo de racismo o cuando alguien prieto levanta la voz, de inmediato surgen los militantes de la blanquitud para recordarnos que no podemos hablar de racismo, que solo estamos «resentidos». Que estamos enojados. ¡Claro! Yo no sé por qué debería ser tan negativo sentirme enojado. Si te tratan de la chingada, te enojas. Si te tratan diferente, te enojas. Si no te dan el trato que mereces porque es tu derecho, claro que te vas a enojar. Sin embargo, resulta que si abres la boca, entonces eres un resentido violento.

Un resentido es alguien que se siente enojado y que habla en contra de algo que no le gusta, que lo lastima, que lo oprime y que le duele. Es alguien que habla contra el orden de las cosas. Un resentido es una persona que siente y resiente el dolor de los malos tratos ocasionados por inequidades e injusticias. Resentir es sentir otra vez. Y otra vez. Y otra vez… el dolor que provoca un sistema, un grupo, una condición, una situación. Un resentido es una persona que no solo se enoja y ya: es una persona que hace algo con su enojo. Es una persona que vuelca este sentimiento en palabras y acciones.

Greta Thunberg es una persona maravillosa que está haciendo una gran labor en el mundo. Y está enojada, encabronada, y en su discurso habla fuerte y pide a presidentes y a las personas más ricas que existen que paren de destruir el planeta, pero ¿cuántas personas la han llamado resentida? ¿Por qué cuando sale una activista indígena a decir: «Paren de destruir el planeta porque mi casa está en medio de la selva y me la están chingando» sí le dicen resentida? ¿Por qué un prieto enojado luchando por la justicia, por reivindicaciones, por derechos, es un resentido, pero una persona blanca enojada es un luchador social? Un blanco enojado es un activista; un prieto enojado es un criminal. El primero protesta; el segundo es causa de disturbios.

El derecho a la protesta (a exigir, a levantar la voz) está cancelado para ciertos grupos. Una de las maneras en las que un sistema racista limita nuestro derecho a buscar mejores condiciones de vida es poniéndonos la etiqueta de resentidos. Cuando hablamos en contra de una injusticia, en automático nos descalifican.

Para mí, una persona resentida es aquella que tiene el valor de hablar, a pesar de que la vayan a estigmatizar, de que la vayan a hacer pomada, de que la vayan a maltratar, humillar y revictimizar. A pesar de todo eso, esta persona, mujer, hombre, niña, niño, niñe, persona trans, gay, a pesar de todo eso, se atreve a levantar la voz. Contra todos y frente a todos se atreve a levantar la voz.

Si una persona no se hubiera resentido y no hubiera levantado la voz, no existirían los derechos humanos. Si una persona no se hubiera resentido y no hubiera levantado la voz, no se habrían liberado los pueblos. Si una persona no se hubiera resentido y no hubiera levantado la voz, las mujeres no tendrían derecho al voto.

Si una persona no se hubiera resentido y no hubiera levantado la voz, la gente no habría tenido derecho a crear empresas y generar riqueza con sus propios medios; seguirían siendo los reyes los únicos dueños de todo.

Los resentidos —al no estar conformes, cuestionar el sistema y actuar en consecuencia— son los que mueven la historia. El resentimiento da dinamismo a las sociedades para que mejoren; las resistencias a esos cambios son las que las joden. A mayor grado de resistencia, a mayor grado de reacción ante los cambios, mayor es la violencia, la descomposición y la ruptura de todos los ejes y todas las columnas que sostienen a las sociedades. Y no lo digo yo: lo dice la historia.

Muchas veces, demasiadas como para llevar la cuenta, me han llamado resentido cuando hablo a favor de la gente prieta o señalo o denuncio alguna de las salvajadas cometidas o dichas por los más fervientes defensores de la blanquitud. Es más, no me extrañaría que alguien ya pensara que mi nombre es Pinche Resentido y no Tenoch Huerta.

Cuando un actor prieto me dijo: «Eres un resentido de la Conquista. Ya supéralo», le respondí: «Que chinguen a su madre los "prietos" alienados. Los buenos salvajes. Los "prietos dóciles". También ellos, pues no han dejado de buscar su blanqueamiento social».

Sí, señor: soy un resentido. Me nombro resentido con el orgullo de saber que cuando vi que las cosas estaban mal, hablé, y de que cuando me di cuenta de que me querían arrebatar mi dignidad, tuve el valor y el amor propio para levantar la voz y no quedarme callado. Así que bienvenido el resentimiento. Bienaventurados los resentidos y que reciban mucho amor, porque de los resentidos es el reino de un mundo mejor.

Sin embargo, cuando tú hablas de eso, evidentemente —cuándo tú dices quién es el oprimido de manera directa o indirecta— vas a señalar quién es el privilegiado. Si yo digo: «En mi colonia hay escasez de agua y esa agua que falta la utilizan para otras cosas», tengo que decir en qué se está usando. Claro, la utilizan en las colonias de varo para que a ellos no les falte el agua, la utilizan en las refresqueras, en empresas papeleras o de textiles. Cuando yo digo que me falta el agua en mi colonia y que está mal distribuida, a huevo debo decir quién es el beneficiado de estas inequidades; o sea, ¿me la quitan a mí para dársela a quién? ¡Lo tienes que decir! No se puede hablar de una cosa sin nombrar a su contraparte. No puedes hablar de la luz sin entender qué chingados es la oscuridad. No puedes hablar del silencio sin entender qué es el ruido. No puedes hablar del placer sin saber qué es el dolor. No puedes hablar del amor sin saber lo que es la tristeza o el odio. De la misma manera, no puedes hablar de opresiones sin hablar de privilegios.

Hace un tiempo me escribió una persona que vive en Miami, integrante de la blanquitud, de la «fachiza» de aquella ciudad a la que se van a refugiar y vivir todos los exdictadores, narcos y gente fascista de América Latina. Este hombre me dijo: «Tienes que dejar de hablar del racismo porque vas a provocar una desgracia». ¿Una desgracia? Dicho sea de paso, esta persona está acusado de agredir a un periodista porque no le gustó su línea editorial y se lo madreó. Cuando leí lo que me dijo, pensé:

«¿Qué le pasa a esta gente? ¿Por qué creen que pedir que me traten con respeto va a provocar una desgracia? ¿Por qué creen que hablar de igualdad entre personas va a provocar un desastre? ¿Por qué creen en que los prietos somos como los blancos europeos que fueron a todo el mundo a destruir, violar, saquear y robar, y a arrasar a culturas y personas, a robar gente para esclavizarla? ¿Por qué creen que somos iguales en ESO?».

Si nos pareciéramos en su condición de salvajes, ya lo habríamos hecho. Ya nos habríamos levantado en armas y golpeado, asesinado, destruido a la blanquitud. Si fuéramos salvajes como la gente blanca lo ha sido, ya habríamos recuperado nuestro territorio, nuestros derechos, borrándolos a ellos y todo rastro de su presencia y cultura. No lo somos ni lo seremos. Porque a eso se refería este tipo. Si yo (como otros) seguía agitando a la gente oprimida, se darían cuenta de que han sido abusados, violados, maltratados, violentados de toda forma imaginable y, por lo tanto, tendríamos todo el derecho y razones de sobra para hacernos de un lugar. Por eso, para esta persona, el que señalemos y nombremos los abusos significa un peligro inminente. Para él y para los suyos. ¿Podemos denunciar el racismo? Según el mensaje de la blanquitud: no.

Cada vez que mis compañeros y yo hablamos de racismo en algún medio o redes, nos damos cuenta de cómo se ofenden muchísimas personas del universo de la blanquitud. Sucede porque, aunque son el objeto de la denuncia, no son parte del diálogo, no son los interlocutores y por lo tanto reclaman por sus sentimientos. Es decir, incluso si hablamos de un sistema y de las prácticas que los benefician y que además siguen con gusto para perpetuarlo, piden que se haga de una manera amable, que se les incluya, que se les pida «por favor», que lo hablemos todos, cuando queda claro que nunca lo hicieron cuando nos discriminaron y crearon estereotipos. **Si hablamos de ellos y no con ellos, entonces hablan de racismo a la inversa: resulta que ellos son los discriminados. Esta reacción es lo que se conoce como fragilidad blanca: la incomodidad que experimenta una persona blanca (o de la blanquitud) cuando se le pone enfrente la realidad de sus privilegios y la existencia de la desigualdad que sostiene el sistema del cual se beneficia.**

Luego de años de reacciones de estas, poco a poquito empecé a hartarme y a dejar de tomar en cuenta su fragilidad, su sentimiento de ofensa. Llegué a este punto por muchas razones, pero en principio porque nunca les he hablado a ellos. Cuando denuncio el racismo en la sociedad, en realidad le estoy hablando al morrito del micro. Le hablo a mi sobrina, a quien tuvieron que cambiar de escuela porque como es morena le decían «la negra», y era víctima de *bullying*. La misma sobrina que vio fotos de Yalitza en medios de comunicación y dijo: «¿Entonces soy hermosa?» y se empoderó. Le estoy hablando a esa banda. Si mi compañero actor blanco se ofende porque luego de cientos de años de ser intocable y de burlarse él sí de los prietos, le toca que lo señalen, me importa muy poco. Si mi cuate, el director de cine blanco, egresado de un colegio de élite, se enoja porque hablo de los colegios de élite, me importa menos. Si los productores llegan a la conclusión de que no me quieren en la película o en la serie porque lo que digo les molesta, agrede, ofende, asusta, también me da igual.

El racismo no solo se denuncia como una queja o un señalamiento: también es posible y necesario incluso denunciarlo en las pláticas que llevamos día a día con la gente cercana y hablándolo en voz alta. Desde hace tiempo, me he puesto a dar charlas o conferencias a jóvenes mexicanos. Lo que me ha llamado la atención es que los morros no tienen problema alguno con hablar del tema, incluso los jóvenes más privilegiados.

Hace poco, fui a dar una charla a la Universidad Anáhuac, en Querétaro. Los morros que asistieron llegaron con entusiasmo, receptivos y con ganas de cuestionar todo. Después de la charla, nos fuimos a comer a un lugar junto a la universidad. Ahí seguimos hablando y uno de ellos dijo: "¿O sea que nosotros somos de una escuela fifí y privilegiada?". Todos los demás se rieron y respondieron como en coro: "¡Sí, a huevo sí somos!".

Estos chavos de una universidad privada, lejos de ofenderse, lejos de hacer lo que mis compañeros de la industria hacen cuando me llaman "resentido", "pinche naco", "estás enojado", "vas a provocar una desgracia" y estupideces de ese tipo, lo tomaron muy bien. Eran conscientes de sus privilegios. Nos la

pasamos riéndonos, al tiempo que aceptaban
la realidad en la que vivimos. Justo cuando
yo, un prieto, estaba denunciando el racismo que sus círculos se encargan de perpetuar. Incluso cuando les dije que ellos ya
tenían todo resuelto porque estudiaban en
una escuela de élite y, aunque no les ense-
ñaran mejor que las demás escuelas (en las
públicas o privadas de menor rango), ellos
ya habían crecido y hecho todos los contactos necesarios y adquirido el *know how*, como
dicen los gringos. Porque claro, no se trata
solo de encontrar y cultivar los contactos,
sino que además tienes que saber cómo mover-
te en esos espacios. Lo digo de forma literal incluso, porque eso incluye desde cómo
caminar, cómo pedir u ordenar las cosas,
cómo hacer un trámite burocrático, cómo ir
a cenar con un diputado y conseguir que la
persona te otorgue un contrato. También es
cómo hablarles, cómo acercarte. Son maneras.
Son modos. Ellos mamaron desde la cuna todas
las prácticas, los usos y las costumbres,
y los sistemas de validación del grupo dominante, de la blanquitud. Encima de eso,
lo practican todos los días en sus escuelas.
Por eso, les dije, además de los contactos, tienen el conocimiento, la asimilación
cultural, porque incluso si llegaron sin
pertenecer a esa clase social, terminan por
asimilarse.

Creo que aquella charla con los estudiantes de la Anáhuac fue una forma de denuncia en la que los acusados , si he de llamarlos así, entendieron. De hecho, durante la comida, cuando el intercambio fue de ida y vuelta, me di cuenta de que estas generaciones la van teniendo más clara que la mía y las anteriores a la mía, que son estos últimos quienes detentan el poder. Cada que voy a secundarias, prepas o universidades, termino con la misma impresión: lo entienden todo.

Cuando di una charla en la Facultad de Estudios Superiores Aragón, de la UNAM, de donde yo soy egresado, la directora de la carrera de Sociología, quien siempre habla y escribe con un lenguaje inclusivo, me dijo que quiere ofrecer diplomados antirracistas en la universidad. Ese día, todos los estudiantes, todo el auditorio, respondió de maravilla. Aunque tenían dudas, aclaraciones pertinentes y demás, les resultaba fácil y hasta natural interiorizar cada tema que abarca el problema del racismo en el que vivimos. Así son estas generaciones. Por ejemplo, Jere Gastelum, el miembro más joven de Poder Prieto, que tiene 19, compuso el rap del movimiento. Él nos dijo: «No, yo no sé tanto de antirracismo, pero yo creo que...» y se aventó un discurso sensible, con su punto de vista y la manera en que entiende el mundo, la forma en que lo lee y asimila, y con eso nos dimos cuenta de que lo tiene clarísimo. Luego de escucharlo, le dije: «¡Cabrón, hasta podrías dar clases!».

Lo mejor de todo es que el entendimiento va más allá de los universitarios o adolescentes. Hace poco, hablaba con mi hija y esto pasó:

INT. CASA DE TENOCH HUERTA — NOCHE

En la sala, mi HIJA, de nueve años, inte-
rrumpe la lectura de su libro y me dice:

HIJA
Oye, papá, si los negritos...

TENOCH
(con cariño)
No se dice negrito, mi amor.

HIJA
¿Por qué no?

TENOCH
Porque usar el diminutivo resulta
ofensivo.

Mi HIJA se queda en silencio dos o tres minutos. Yo vuelvo a lo que estaba haciendo,
sin estar seguro de si había entendido o no.

HIJA
Claro, porque nadie nunca dice
«los blanquitos», porque a los blancos
no los hacemos chiquitos. Es más,
a nadie le dices blanco, pero a la
gente negra sí le llamamos negra. ¿Por
eso no puedo decir negritos, papá?

TENOCH
(con cariño)
La tienes clara, mija.

Claro, no es solo ella: también sus compañeritas, mi sobrina que tiene 12, lo entienden de la misma forma. Son más receptivos, más receptivas, hay más apertura porque sí existen medios de comunicación y de entretenimiento, libros para niños y gente en las escuelas que les habla de otra forma.

No veo esperanza en mi generación o en la de arriba. ¡Vamos a desaparecer del mundo! En 10 años, entre jubilados sin poder, gente tres metros bajo tierra y demás, van a reducirse la cantidad de ideas, prácticas y costumbres racistas. No se van a acabar, por supuesto, pero es que los morros son tan punks que hasta el lenguaje están revolucionando. Ellos son los que me dan esperanza. Nos puede gustar o no, pero es la generación que se atrevió a cambiar el lenguaje mismo, la raíz de todo. Y ellos van a tener el poder. Son la generación más abierta. A pesar de que les decimos que son delicados,

que no aguantan nada, ellos responden: ¿Qué chingados tenemos que estar aguantando? ¿Por qué tenemos
que aguantar la precariedad laboral? ¿Pobreza? ¿Violencia? ¿Racismo? ¿Machismo? ¿Abusos? No tienen seguro
social, no tienen prestaciones de ley, no pueden salirse
de sus casas porque no les alcanza para rentar un departamento. Se dieron cuenta de todo.

No van a tragar la misma mierda que tragamos nosotros. Nos lo dicen y nos molestamos. Qué absurdo, ¿no?
A estas generaciones les llamamos «los ofendidos», pero
basta que cambien una letra de una palabra para que
nosotros y los más viejos peguemos el grito en el cielo.

¿Podemos denunciar el racismo? Claro que podemos.
Por supuesto que la blanquitud, sobre todo la más vieja,
nos dirá que no podemos. Van a decirlo con argumentos
retrógrados, insulsos, indefendibles. Según ellos, no es
posible denunciar el sistema racista que se han encargado de mantener vivo. Sin embargo, lo que he visto me
dice que sí, que es posible seguir denunciándolo a pesar
de la reacción de la blanquitud hegemónica. Este libro es
prueba de eso.

AGRADECIMIENTOS

Agradezco a mis jefazos, que decidieron criar a cuatro «puerquitos» y lo hicieron muy bien. Ella, huérfana de madre y él, huérfano de padre... así que no tuvieron quien los echara a perder.

Gracias a mis carnales, que han sido los mejores compañeros de vida... para toda la vida.

Gracias a mis hijas, las dos de sangre y las dos del alma. Ser tío y luego padre dio sentido, certeza y profundidad a mi vida.

Gracias a mis amigos, por formarme; a mis amores, por besar las grietas.

Gracias, Tania. Gracias, Crys.

Gracias, Agustín, por templarme como espada, y a cada maestro por afilar la hoja.

Gracias a Poder Prieto, a cada miembro que me enseñó que no estaba loquito, que sí había un monstruo bajo la cama, pero, sobre todo, que no estaba solo.

Gracias a los viejos abuelos que resistieron, que hicieron lo necesario para sobrevivir y que a pesar de todas las inmundicias que la vida les arrojó en la cara, regresaron flores y nos regalaron su canto. Somos hijos de esta tierra que nos alimenta y nuestro padre es el sol que tostó nuestra piel.

Paz se equivocó al decir que somos hijos huérfanos de un padre español, ellos solo fueron una herida en nuestra historia, una herida que vamos a sanar, porque ya es hora de dejar de sentir vergüenza de ser lo que somos; es hora de mirarnos al espejo y saber que nunca hubo nada malo en nosotros, sino en los ojos de quienes nos miraban.

Gracias, vida, porque no te entiendo, pero te vivo y a pesar de todo..., sigues siendo bella.

Gracias, prieturas hermosas.